···· 글을 빠르고 정확하게 읽는 습관을 잡는다.

책을 많이 읽는 아이가 반드시 국어 성적이 좋은 것은 아닙니다. 한쪽으로 치우친 소재와 갈래의 글만 읽거나, 책을 덮고 나면 읽은 내용이 무엇인지 모르는 아이에게 또 어떤 잔소리를 하시겠습니까? 책 읽은 양만큼 국어 능력을 올리려면, 책을 읽고 난 다음에 글 전체의 짜임, 글의 내용, 글의 주제 등을 읽어 내려는 노력이 있어야 합니다. 공습국어 초등독해는 다양한 소재와 형식의 글을 제시하여 아이의 편독을 줄이고, 또 글을 빠르고 정확하게 읽는 방법을 반복적으로 훈련합니다. 그래서 아이가 언제, 어디서, 어떤 글을 읽더라도 글의 핵심을 제대로 집어낼 수 있도록 만듭니다. 공습국어 초등독해는 아이에게 책을 사 주는 것 말고는 달리 방법을 모르는 부모 대신 제대로 글 읽는 법을 가르칩니다.

···· 감 못 잡고 권수만 채우던 읽기에서 핵심을 쏙쏙 뽑아내는 체계적인 읽기로

어릴 때부터 꾸준하고 올바르게 다듬어진 독해 능력은 모든 학습의 밑바탕이 됩니다. 글의 종류와 짜임, 그리고 상황에 맞게 핵심을 찾아 읽어 내는 것을 '정독' 이라고 합니다. 그러나 책을 많이 읽는다고 해서 누구나 정독을 하고 있는 것은 아닙니다. 많은 양의 독서가 저절로 정독 습관을 가져다주는 것도 아닙니다. 다양한 글을 본격적으로 읽기 시작하는 초등학교 단계에서부터 글을 제대로 읽을 수 있는 틀을 다져 주어야 합니다. 공습국어 초등독해는 다양한 글을 읽고 글의 핵심을 체계적으로 파악하는 전략을 훈련시키며, 나아가 이를 습관화시키는 과학적 프로그램입니다.

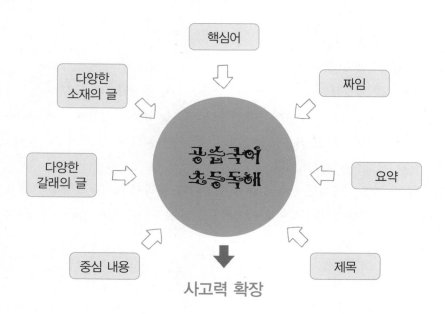

"공습으로 잡는 3대 공부습관"

• • • • 첫째, 스스로 공부하는 습관

잔소리를 해서 공부를 시키는 부모와 잔소리 때문에 억지로 공부하는 아이, 모두 스트레스를 받습니다. 그러나 억지로 하는 공부는 오히려 아이에게 공부에 대한 반감만 일으킬 뿐입니다. 일단 아이의 공부 부담부터 줄여 주세요. 남들 한다고 따라서 이것저것 아이에게 시키지 마세요. 이 시기에는 하루하루 꾸준히 스스로 공부하는 습관을 잡아 주는 것만으로도 충분합니다.

공습은 하루 10분, 부담 없이 재미있게 공부할 수 있습니다. 아이와 하루 10분 **공습** 공부를 약속하고 지켜 보세요. 시키지 않아도 스스로 공부하는 아이를 만날 수 있을 것입니다.

• • • • 둘째, 차례차례 문제를 해결하는 습관

긴 글만 보면 괜히 주눅이 들어서 자기가 가지고 있는 실력을 100퍼센트 발휘하지 못하는 아이들이 많습니다. 이것은 무엇보다 문제의 핵심이 무엇인지 파악하는 훈련이 되어 있지 않기 때문입니다. 학년이 올라갈수록 문제를 분석하여 해결 방법을 찾는 능력이 많이 요구됩니다. 초등학교 때부터 차례차례 문제를 해결하는 방법을 훈련하여, 이를 습관으로 만들어야 합니다.

공습은 절차적 문제해결전략을 반복해서 훈련함으로써, 핵심을 잡아내는 공부습관을 만듭니다.

• • • • 셋째, 꾸준히 공부하는 습관

하루 세 끼 규칙적으로, 알맞은 양을 먹는 것이 건강을 지키는 방법입니다. 공부도 마찬가지입니다. 매일매일 아이가 할 수 있는 양만큼만 꾸준히 공부한다면, 아이는 공부와 시험에 대한 부담을 덜어 내고, 자신의 실력을 차곡차곡 쌓을 수 있습니다. 꾸준히 공부하기 위해서, 우선 아이 스스로가 공부는 할 만한 것이라는 자신감과 재미를 가져야 합니다.

공습은 문제해결전략만 이해하면 누구나 풀 수 있습니다. 따라서 아이는 문제를 풀면서 자신감을 갖게 되고, 이러한 자신감은 공부에 대한 재미로 이어져 꾸준히 공부할 수 있는 습관을 만듭니다.

"공부습관 확실히 잡아 주는 공습"

•••• 공부습관을 잡으면 **성적과 학습능력은** 저절로 올라간다!

자기 분야에서 눈에 띄는 성과를 이루어 낸 많은 사람들은 한 목소리로 좋은 습관이 성공의 열쇠였다고 말합니다. 공부도 마찬가지입니다. 자신의 페이스를 꾸준히 유지하며 공부하는 습관을 들인다면 학습능력과 성적은 저절로 따라 올라갑니다.

•••• **올바른 공부습관**이 없다면 학습능력은 사상누각!

본격적인 학교 공부를 시작하는 시기인 초등학교. 바로 이때 공부습관을 제대로 잡아 주는 것이 무엇보다 중요합니다. 이때 형성된 공부습관이 이후 중·고등학교에서의 학업 성취도를 좌우하기 때문입니다.

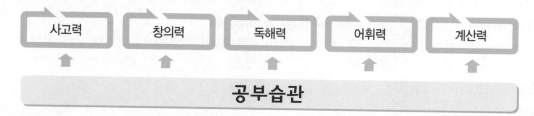

•••• **'워밍업 ➔ 해결전략연습 ➔ 의욕충전'**의 3단계 학습법

본격적인 운동을 하기 전에 준비운동으로 몸을 풀면, 안전하고 더욱 효과적인 운동을 할 수 있습니다. 공부를 시작하기 전에도, 먼저 두뇌를 공부할 수 있는 상태로 풀어 주어야 더욱 효율적인 공부를 할 수 있습니다. 공습에서는 준비운동을 통해 두뇌를 공부 모드로 바꿔 준 다음, 해결전략을 연습하는 문제를 풉니다. 그리고 공부 의욕을 높이는 짤막한 글로 마무리하여 학교·학원 공부를 더욱 충실히 수행할 수 있도록 합니다.

▶ **전략 훈련 문제** ◀
해결전략에 따라 순서대로
문제를 푸는 습관 키우기

워밍업

해결
전략
연습

의욕
충전

▶ **다양한 퍼즐** ◀
공부를 시작하기 위한 준비운동

▶ **마무리 글** ◀
긍정적인 공부 태도 충전

" 『공습국어 초등독해』 활용 방법 보기 "

하나 처음 일주일 정도는 아이와 함께 하세요.

공습국어 초등독해의 독해 전략을 아이가 이해할 수 있도록 일주일 정도는 아이와 함께 문제를 풀어 보세요. 각각의 전략 단계를 어떻게 풀면 되는지 설명해 주고, 채점을 통해 다시 한번 짚어 줍니다.

둘 매일 1회분씩 꾸준히 하도록 유도하되 강요하지 마세요.

아이에게 공부하라고 말하기 전에, 먼저 공부할 수 있는 환경과 조건을 만들어 주세요. 그리고 아이가 스스로 공부할 때까지 지켜봐 주세요. 또한 하루에 1회분 이상 진도를 나가지 않도록 지도해 주세요. 하루에 2회분 이상의 문제를 푸는 것은 꾸준한 공부 습관 형성에 방해가 될 수 있습니다.

셋 아이의 수준에 맞게 단계별로 선택하세요.

독해 능력은 시간에 여유를 두고 차근차근 키워 가는 것입니다. 선행 학습을 시킬 마음에 무리해서 높은 단계를 풀게 하면, 아이가 글을 읽는 재미를 잃어버릴 수 있습니다. 또한 도전 시간을 통과하고 점수를 잘 받도록 하기 위해, 아이의 실력에 비해 너무 낮은 단계를 풀게 하면 독해 능력이 향상되지 않습니다.

공습국어 초등독해는 단기적으로 국어 '성적'을 높이기 위한 교재가 아닙니다. 공습국어 초등독해의 목적은 국어 '능력'을 높이는 것으로, 이것은 장기간의 훈련과 노력을 필요로 합니다. 아이의 독해 실력에 맞는 단계를 선택할 때 최고의 효과를 얻을 수 있습니다.

단계	구성	글의 소재	글의 갈래
1·2학년	30회		
3·4학년	30회	사회, 역사, 시사, 인물, 언어, 문화, 과학, 예술, 종교, 정치, 경제, 건강, 상식 등	설명하는 글, 주장하는 글, 인터뷰 형식의 글, 기사글, 대화글 등
5·6학년	30회		

넷 걸린 시간과 정답 개수를 꼭 적도록 하세요.

공습국어 초등독해는 문제마다 걸린 시간과 정답 개수를 적도록 하고 있습니다. 아이들이 문제를 푼 다음, 걸린 시간을 적을 수 있도록 미리 시계를 준비해 주세요. 제시문의 길이와 난이도, 문제의 개수에 따라 도전 시간에 차이를 두었습니다.

욕심이 앞서서 글 읽기와 문제 풀이의 속도만 높이려 한다면 올바른 독해 습관을 익히는 데 해가 됩니다. 얼마나 빨리, 많이 푸느냐가 중요한 것이 아닙니다. 정독 능력과 사고력을 동시에 키우려면 문제 하나하나를 이해하고 파악해야 합니다. 도전 시간을 주고 걸린 시간과 정답 개수를 적게 하는 것은 집중력을 높이고 실력 향상의 재미를 느끼게 하기 위한 장치임을 꼭 기억하세요.

다섯 우리 아이, 이럴 땐 이렇게 하세요.

• 도전 시간 안에, 틀린 답 없이 문제를 풉니다.
　뛰어난 독해 능력을 지녔습니다. 꾸준하게 훈련하면 글의 핵심을 파악하는 능력과 동시에 언어사고력 또한 발달할 것입니다.

• (도전 시간을 기준으로) 걸린 시간은 매우 짧은데, 정답률이 낮습니다.
　문제풀이전략을 이해하지 못한 상태에서 건성으로 문제를 푼 것입니다. 문제의 틀을 이해시키고, 한 문제 한 문제 같이 풀어 보는 과정이 필요합니다.

• (도전 시간을 기준으로) 걸린 시간은 길지만, 정답률은 높습니다.
　전략에 따른 문제 해결이 아직 익숙하지 않거나, 집중력이 오래 가지 못하는 것입니다. 그럼에도 문제를 꼼꼼하게 풀어낸 아이의 끈기를 칭찬해 주시고, 하루하루 지켜봐 주세요. 그리고 주변 환경을 정리하고 부모가 직접 시간을 재서 아이의 집중력이 흐트러지지 않게끔 도와줍니다.

• (도전 시간을 기준으로) 걸린 시간은 긴데, 정답률이 낮습니다.
　문제풀이전략을 이해하지 못한 상태이며, 집중력 또한 떨어지는 것입니다. 옆에서 좀 더 지켜보며 문제 풀이를 설명해 주세요. 그리고 같이 소리 내어 제시문을 읽어 보거나 색깔 연필로 표시하며 문제를 푸는 등의 활동을 통해 문제 풀이에 대한 집중력과 재미를 길러 줍니다.

"『공습국어 초등독해』 구성 한눈에 보기"

공습국어 초등독해는 공부를 시작하기 위한 준비운동인 「머리 풀어주는 퍼즐」과 본격적인 문제해 결전략을 연습하는 「빠르고 정확하게 읽기」(❶핵심어 찾기, ❷글의 짜임 그리기, ❸요약하기, ❹제목 달기), 그리고 공부 의욕을 높여 주는 「생각 다지는 글」로 구성되어 있습니다.

준비운동 – 머리 풀어 주는 퍼즐
다양한 퍼즐을 통해 두뇌를 공부 모드로 전환하고 아울러 창의사고력을 키웁니다.

제시문
다양한 소재를 다양한 갈래의 글로 표현 하였습니다.

❶ 핵심어 찾기
핵심어를 찾으며 자연스럽게 글을 다시 한 번 읽고, 중요 내용을 눈에 담아 두도 록 하는 문제입니다.

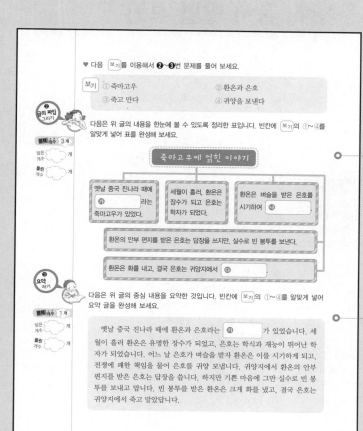

♥ 다음 보기를 이용해서 ②~③번 문제를 풀어 보세요.

보기
① 죽마고우
② 환온과 은호
③ 죽고 만다
④ 귀양을 보낸다

② 글의 짜임 그리기

문제 개수 3개

맞은 개수 □개
틀린 개수 □개

다음은 위 글의 내용을 한눈에 볼 수 있도록 정리한 표입니다. 빈칸에 보기의 ①~④를 알맞게 넣어 표를 완성해 보세요.

죽마고우에 얽힌 이야기

옛날 중국 진나라 때에 ㉮ 라는 죽마고우가 있었다.

세월이 흘러, 환온은 장수가 되고 은호는 학자가 되었다.

환온은 벼슬을 받은 은호를 시기하여 ㉯

환온의 안부 편지를 받은 은호는 답장을 쓰지만, 실수로 빈 봉투를 보낸다.

환온은 화를 내고, 결국 은호는 귀양지에서 ㉰

③ 요약 하기

문제 개수 1개

맞은 개수 □개
틀린 개수 □개

다음은 위 글의 중심 내용을 요약한 것입니다. 빈칸에 보기의 ①~④를 알맞게 넣어 요약 글을 완성해 보세요.

옛날 중국 진나라 때에 환온과 은호라는 ㉮ 가 있었습니다. 세월이 흘러 환온은 유명한 장수가 되었고, 은호는 학식과 재능이 뛰어난 학자가 되었습니다. 어느 날 은호가 벼슬을 받자 환온은 이를 시기하게 되고, 전쟁에 패한 책임을 물어 은호를 귀양 보냅니다. 귀양지에서 환온의 안부 편지를 받은 은호는 답장을 씁니다. 하지만 기쁜 마음에 그만 실수로 빈 봉투를 보내고 맙니다. 빈 봉투를 받은 환온은 크게 화를 냈고, 결국 은호는 귀양지에서 죽고 말았답니다.

② 글의 짜임 그리기
복잡한 글도 간단한 도식(표나 그림)으로 정리하여, 글의 내용과 짜임을 한눈에 파악할 수 있도록 하는 문제입니다.

③ 요약하기
②의 결과를 문장으로 정리하는 문제입니다. 요약 글을 쓰는 방법을 알게 되고, 조각말들을 자연스럽게 연결하여 문장을 완성하는 훈련을 할 수 있습니다.

④ 제목 달기
글에 가장 알맞은 제목을 찾는 문제입니다. 글과 제목 후보와의 관계에 대해 '왜 답일까?', 또는 '왜 답이 아닐까?'를 고민하며 사고력을 키울 수 있습니다. 또한 어떤 글이나 상황을 보고 그것을 한 번에 나타낼 수 있는 표현, 즉 핵심을 찾는 감을 키울 수 있습니다.

마무리 – 생각 다지는 글
공부에 도움이 되는 이야기, 좋은 생활 습관을 다지는 이야기 등 부모가 아이에게 해 주고 싶은 이야기를 다양하게 싣고 있습니다.

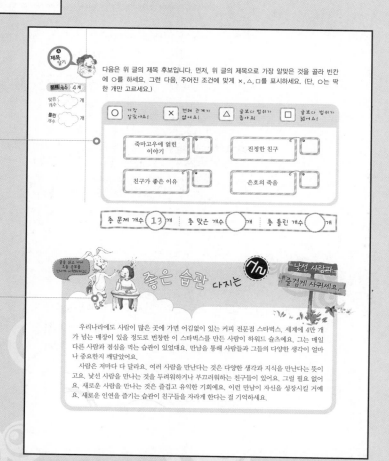

④ 제목 달기

문제 개수 4개

맞은 개수 □개
틀린 개수 □개

다음은 위 글의 제목 후보입니다. 먼저, 위 글의 제목으로 가장 알맞은 것을 골라 빈칸에 ○를 하세요. 그런 다음, 주어진 조건에 맞게 ×, △, □를 표시하세요. (단, ○는 딱 한 개만 고르세요.)

| ○ 가장 알맞아요! | × 전혀 관계가 없어요! | △ 글보다 범위가 좁아요! | □ 글보다 범위가 넓어요! |

죽마고우에 얽힌 이야기 □

진정한 친구 □

친구가 좋은 이유 □

은호의 죽음 □

총 문제 개수 13개   총 맞은 개수 ○개   총 틀린 개수 ○개

좋은 습관 다지는

낯선 사람과 즐겁게 사귀세요.

우리나라에도 사람이 많은 곳에 가면 어김없이 있는 커피 전문점 스타벅스, 세계에 4만 개가 넘는 매장이 있을 정도로 번창한 이 스타벅스를 만든 사람이 하워드 슐츠예요. 그는 매일 다른 사람과 점심을 먹는 습관이 있었대요. 만남을 통해 사람들과 그들의 다양한 생각이 얼마나 중요한지 깨달았어요.

사람은 저마다 다 달라요. 여러 사람을 만난다는 것은 다양한 생각과 지식을 만난다는 뜻이고요. 낯선 사람을 만나는 것을 두려워하거나 부끄러워하는 친구들이 있어요. 그럴 필요 없어요. 새로운 사람을 만나는 것은 즐겁고 유익한 기회예요. 이런 만남이 자신을 성장시킬 거예요. 새로운 인연을 즐기는 습관이 친구들을 자라게 한다는 걸 기억하세요.

● 오늘의 읽기 자료입니다. 잘 읽고 아래 문제들을 풀어 보세요.

　　앞으로 50년 후엔 남태평양의 섬나라 투발루를 볼 수 없을지도 모릅니다. 지구 온
난화로 해수면이 상승하여 매년 0.5~0.6mm씩 바닷물에 잠기기 때문입니다. 또한
그 때문에 지하수가 소금기를 띠자 코코넛 나무와 농작물이 죽어가고, 사람들이 먹
을 식수조차 구할 수 없게 되었습니다.
　　해수면 상승만큼 열대 폭풍도 투발루 주민들을 두려움에 떨게 합니다. 과거에는
열대 폭풍이 일 년에 한두 번 발생했습니다. 하지만, 지금은 매달 발생하고 그 세기
도 점점 강해지고 있습니다. 매년 2월이면 투발루는 연중 해수면이 가장 높은 '킹 타
이드'로 큰 물난리를 겪는데, 주민들은 '킹 타이드'와 열대 폭풍이 한꺼번에 닥칠까
봐 공포에 떨고 있다고 합니다.
　　투발루 정부에서는 다른 나라로 집단 이민할 계획을
하지만, 이를 받아들이는 나라가 없는 상태입니다.
따라서 국제적인 노력이 없다면 투발루 주민들은 환
경 난민이 될 처지입니다. 지구 온난화의 주범인 산
업 시설과는 거리가 먼 남태평양의 작은 섬이 지구
온난화의 희생양이 되었습니다.

1-2. 핵심어 찾기 : 다음 낱말들이 위 글에서 몇 번씩 나왔는지 세어 보세요. 많이 나온 낱말이
위 글에서 가장 중요한 핵심어입니다.

해수면	지구 온난화	열대 폭풍	환경 난민	킹 타이드	남태평양
3	3	3	1	2	2

1-1. 핵심어 찾기 : 다음 낱말들 중에 위 글에 나온 낱말의 빈칸에 동그라미 하세요. 동그라미 한
낱말들이 위 글의 주제와 관련된 핵심어입니다.

해수면 상승	아프리카	지구 온난화	오존층	폭설	투발루	환경 난민
○	×	○	×	×	○	○

표 안의 낱말들이 지문에 나왔는지 확인합니다. 종류가
비슷하거나 글을 제대로 읽지 않으면 헷갈릴 만한 보기
들이 있기 때문에 제시문을 잘 확인해야 합니다. 제시
문의 해당 낱말에 표시를 하면서 답을 달도록 합니다.

표 안의 낱말들이 지문에 몇 번
등장했는지 세어 봅니다. 제시문
의 해당 낱말에 표시를 하면서
숫자를 세도록 합니다.

♥ 다음 보기를 이용해서 2~3번 문제를 풀어 보세요.

보기
① 해수면 상승   ② 환경 난민   ③ 지구 온난화
④ 지하수의 소금기   ⑤ 국제적인 노력   ⑥ 열대 폭풍

2. 글의 짜임 그리기 : 다음은 위 글의 내용을 한눈에 볼 수 있도록 정리한 표입니다. 빈칸에 보기의 ①~⑥을 알맞게 넣어 표를 완성해 보세요.

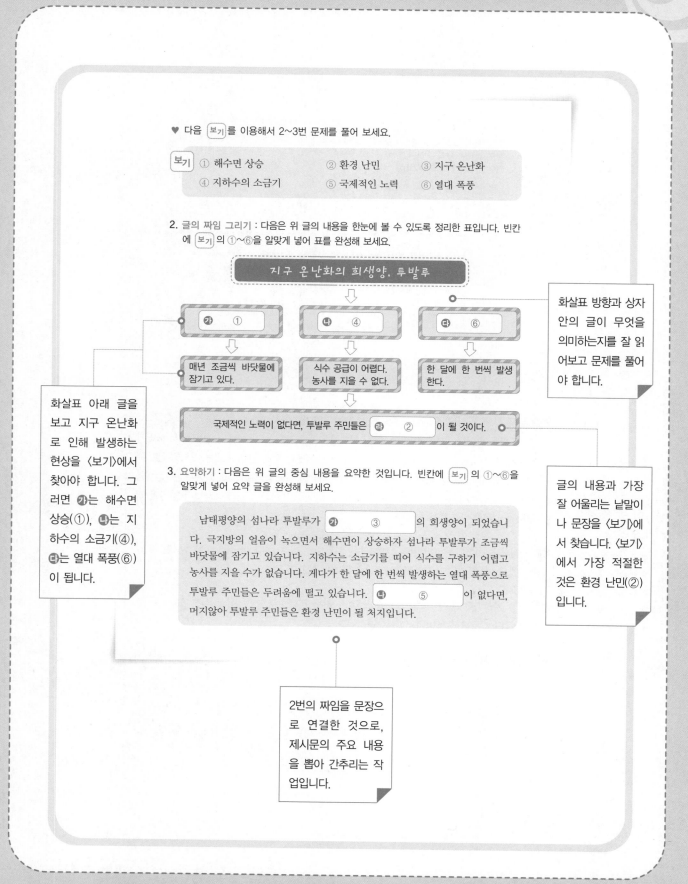

지구 온난화의 희생양, 투발루

| 가 ① | 나 ④ | 다 ⑥ |

| 매년 조금씩 바닷물에 잠기고 있다. | 식수 공급이 어렵다. 농사를 지을 수 없다. | 한 달에 한 번씩 발생한다. |

국제적인 노력이 없다면, 투발루 주민들은 라 ② 이 될 것이다.

화살표 방향과 상자 안의 글이 무엇을 의미하는지를 잘 읽어보고 문제를 풀어야 합니다.

화살표 아래 글을 보고 지구 온난화로 인해 발생하는 현상을 〈보기〉에서 찾아야 합니다. 그러면 ㉮는 해수면 상승(①), ㉯는 지하수의 소금기(④), ㉰는 열대 폭풍(⑥)이 됩니다.

3. 요약하기 : 다음은 위 글의 중심 내용을 요약한 것입니다. 빈칸에 보기의 ①~⑥을 알맞게 넣어 요약 글을 완성해 보세요.

남태평양의 섬나라 투발루가 가 ③ 의 희생양이 되었습니다. 극지방의 얼음이 녹으면서 해수면이 상승하자 섬나라 투발루가 조금씩 바닷물에 잠기고 있습니다. 지하수는 소금기를 띠어 식수를 구하기 어렵고 농사를 지을 수가 없습니다. 게다가 한 달에 한 번씩 발생하는 열대 폭풍으로 투발루 주민들은 두려움에 떨고 있습니다. 나 ⑤ 이 없다면, 머지않아 투발루 주민들은 환경 난민이 될 처지입니다.

글의 내용과 가장 잘 어울리는 낱말이나 문장을 〈보기〉에서 찾습니다. 〈보기〉에서 가장 적절한 것은 환경 난민(②)입니다.

2번의 짜임을 문장으로 연결한 것으로, 제시문의 주요 내용을 뽑아 간추리는 작업입니다.

4. 제목달기 : 다음은 위 글의 제목 후보입니다. 먼저, 위 글의 제목으로 가장 알맞은 것을 골라 빈칸에 ○를 하세요. 그런 다음, 주어진 조건에 맞게 ×, △, □를 표시하세요. (단, ○는 딱 한 개만 고르세요.)

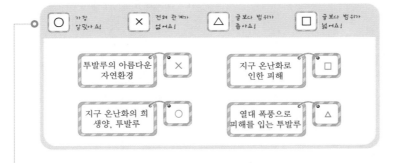

먼저 글의 내용을 가장 적절하게 대표하는 제목 후보를 골라 ○표를 합니다. 그런 다음 ×, △, □ 표시를 합니다. ○를 제외한 나머지 부호들은 들어가지 않거나 몇 번 반복해서 들어가는 경우가 있으니 지도에 유의해 주세요. 글에 나온 내용과 전혀 관계가 없는 후보일 경우에는 ×표를 합니다. 글에 나온 내용이긴 하지만 글의 일부 내용만을 담고 있어서 글 전체를 포함하지 못하는 후보일 경우에는 △표를 합니다. 글에서 제시한 소재나 내용보다 범위가 넓은 후보일 경우에는 □표를 합니다.

❶ **투발루의 아름다운 자연환경** : 제시문은 지구 온난화로 인해 바닷물에 잠겨 가는 투발루에 관한 글입니다. 따라서 이 글의 내용과는 상관이 없습니다.

❷ **지구 온난화로 인한 피해** : 투발루의 예는 지구 온난화로 인한 피해 중에 하나이므로, 이 글의 제목으로는 범위가 너무 넓습니다.

❸ **지구 온난화의 희생양, 투발루** : 제시문은 지구 온난화로 큰 피해를 입어 머잖아 사라지게 될 투발루에 대한 내용입니다. 그러므로 이 글의 제목으로 알맞습니다.

❹ **열대 폭풍으로 피해를 입는 투발루** : 제시문에는 지구 온난화로 인해 투발루가 겪고 있는 피해의 예로 열대 폭풍 외에도 다른 사례들이 나옵니다. 따라서 이 글의 제목으로는 범위가 좁습니다.

차례

Contents

공습을 시작하며...

•••• 매일 매일 즐거운 마음으로 공습국어 초등독해 1회부터 30회
까지 꾸준히 풀어 보세요. 자, 준비됐나요? 그럼 신나게 시작해 보세요!

도전 시간	걸린 시간
00 분 20 초	분 초

창의사고력 기초 다지기 주의집중력 쑥~

여러 가지 그림이 그려진 종이가 있습니다. ❶번 종이와 같은 그림을
❷~❺번 중에서 찾아 보세요.

❶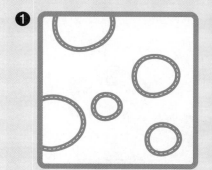

❷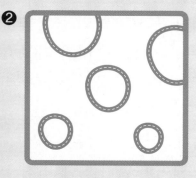

❸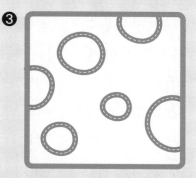

❹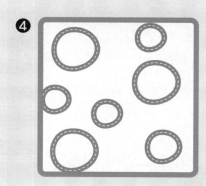

❺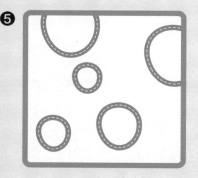

번

빠르고 **정확**하게 **읽기**

● 오늘의 읽기 자료입니다. 잘 읽고 문제를 풀어 보세요.

여러분은 혹시 똥이 어디로 가는지 알고 있나요? 시원스레 똥을 누고 난 후 손잡이를 내리면, 똥은 물과 함께 변기 속으로 사라집니다. 사라진 똥은 땅 밑 정화조 속에 가라앉고 웃물은 하수도로 흘러갑니다. 정화조에 똥이 차면 분뇨차가 와서 분뇨처리장으로 가져갑니다. 분뇨처리장에서는 똥에 섞인 모래, 머리카락, 비닐 등의 쓰레기를 걸러 냅니다. 그리고 물과 똥을 분리하여 똥 찌꺼기를 만듭니다. 보름쯤 썩힌 똥 찌꺼기의 물기를 짜내면 부슬부슬한 흙처럼 변하는데, 이를 '슬러지'라고 부릅니다. 슬러지는 먼 바다에 버리거나 땅 속에 파묻기도 하고, 때로는 불에 태우거나 지렁이를 기르는 데 사용하기도 한답니다. 이렇듯 똥은 여러 과정을 거친 후, 쓰레기가 되어 바다나 땅에 버려지게 된답니다.

①핵심어 찾기

다음 낱말 중에 위 글에 나온 낱말이 있으면 빈칸에 동그라미 하세요. 동그라미 한 낱말들이 위 글에서 가장 중요한 핵심어입니다.

문제 개수 **5** 개

맞은 개수 ◯ 개

틀린 개수 ◯ 개

똥	정화조	수세식 화장실	분뇨처리장	슬러지

♥ 다음 보기 를 이용해서 ❷번과 ❸번 문제를 풀어 보세요.

보기
① 정화조   ② 슬러지
③ 분뇨처리장   ④ 분뇨차

❷ 글의 짜임 그리기

다음은 위 글의 내용을 한눈에 볼 수 있도록 정리한 표입니다. 빈칸에 들어갈 내용을 보기 에서 찾은 다음, 번호와 내용을 모두 쓰세요.

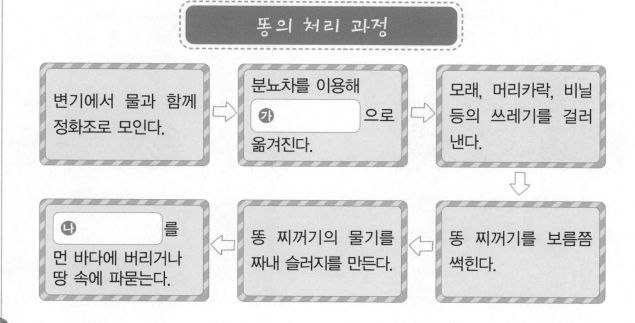

똥의 처리 과정

변기에서 물과 함께 정화조로 모인다. ⇨ 분뇨차를 이용해 [가]   으로 옮겨진다. ⇨ 모래, 머리카락, 비닐 등의 쓰레기를 걸러 낸다.

[나]   를 먼 바다에 버리거나 땅 속에 파묻는다. ⇦ 똥 찌꺼기의 물기를 짜내 슬러지를 만든다. ⇦ 똥 찌꺼기를 보름쯤 썩힌다.

❸ 요약 하기

다음은 위 글을 간추린 것입니다. 빈칸에 들어갈 내용을 보기 에서 찾은 다음, 번호와 내용을 모두 쓰세요.

　　내가 눈 똥은 어디로 갈까요? 변기에서 물과 함께 버려진 똥은 정화조로 모입니다. 정화조에 똥이 가득 차면 [가]   가 와서 분뇨처리장으로 가져갑니다. 분뇨처리장에서 똥에 섞인 쓰레기를 걸러 낸 후, 보름쯤 썩혀 슬러지를 만듭니다. 슬러지는 먼 바다에 버리거나 땅 속에 파묻습니다. 내가 눈 똥은 쓰레기가 되어 결국 바다나 땅에 버려진답니다.

④ 제목 달기

다음은 위 글에 가장 어울리는 제목을 찾는 과정입니다. 서로 관계 있는 것끼리 줄로 이으세요.

문제 개수 3개

맞은 개수 ⬭ 개

틀린 개수 ⬭ 개

똥의 처리 과정 ★   ★ 이 글의 제목으로 딱 좋아!

음식물에서 똥이 되는 과정 ★   ★ 범위가 너무 좁아!

분뇨처리장에서 하는 일 ★   ★ 이 글과 상관없는 제목이야!

총 문제 개수 ⑪ 개   총 맞은 개수 ◯ 개   총 틀린 개수 ◯ 개

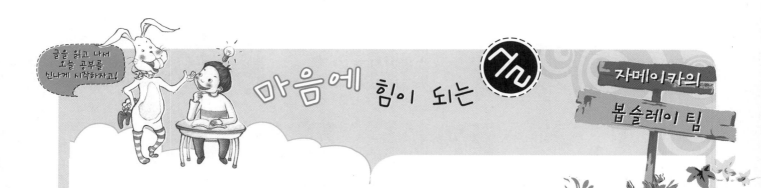

마음에 힘이 되는 名文

글을 읽고 나서 오늘 공부를 신나게 시작하자고!

자메이카의 봅슬레이 팀

1988년 캘거리 동계올림픽에 참가한 자메이카의 봅슬레이 팀은 큰 화제였습니다. 봅슬레이 경기는 썰매를 타고 경사진 경주로를 내려오는 종목인데, 눈도 얼음도 없는 더운 섬나라 자메이카에서 봅슬레이 경기에 출전했기 때문이었어요. 비록 경기 중에 썰매가 부서져서 결승점까지 걸어서 내려와야 했지만, 이 경기는 한 소년에게 큰 꿈을 심어 주었답니다. 바로 14살의 래셀레스 브라운이었지요. 소년은 나중에 커서 자메이카의 봅슬레이 대표선수가 되었고, 2006년 토리노 동계올림픽에서 은메달을 땄답니다.

조금은 허황되고 엉뚱한 꿈일지라도 세상의 모든 꿈은 소중합니다. 꿈이 있어야 그것을 이루기 위해 노력을 할 테니까요. 봅슬레이 경기에서 메달을 따겠다는 소년의 꿈이 열심히 연습한 끝에 이루진 것처럼 말이에요. 여러분의 꿈은 무언가요? 그 꿈을 위해 노력해 보세요.

도전 시간	걸린 시간
00 분 15 초	분 초

창의사고력 기초 다지기　연상추리력 쑥~

보기의 퍼즐을 어느 곳에 끼워 넣어야 할지 찾아 보세요.

보기

번

도전시간

| 6 | 분 | 40 | 초 |

걸린시간

| | 분 | | 초 |

● 오늘의 읽기 자료입니다. 잘 읽고 문제를 풀어 보세요.

우리는 곡식과 채소를 많이 얻기 위해 논밭에 화학비료를 뿌립니다. 화학비료는 질소, 인산, 칼리 등을 섞어 인공적으로 만드는데, 오히려 땅을 망치고 있답니다. 화학비료를 오래 사용하면 땅이 딱딱하게 변하고 농사에 도움을 주는 지렁이와 미생물이 살 수 없게 됩니다. 게다가 지하수까지 화학비료 성분으로 오염이 된답니다. 오염된 물과 농작물은 기억력 장애와 성장장애 심지어 암까지 일으킬 수 있습니다.

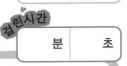

이런 피해를 줄이기 위해서는 화학비료 대신 천연비료를 사용해야 합니다. 천연비료는 사람이나 가축의 똥오줌 등을 미생물이 분해하여 만든 것입니다. 천연비료를 뿌리면 땅이 기름지게 되

고 지렁이와 미생물이 잘 자라 농작물을 많이 거두어들일 수 있습니다. 또한 똥을 처리할 때

발생하는 물 사용량과 비용을 줄일 수 있습니다. 천연비료는 화학비료로 병들어 가는 땅을 치유하는 특효약이랍니다.

①핵심어 찾기

다음 낱말들이 위 글에서 몇 번씩 나왔는지 개수를 세어 보세요. 많이 나온 낱말이 위 글에서 가장 중요한 핵심어입니다.

문제 개수 2 개

맞은 개수 ◯ 개

틀린 개수 ◯ 개

화학비료

천연비료

18

♥ 다음 보기 를 이용해서 ❷번과 ❸번 문제를 풀어 보세요.

❷
글의 짜임
그리기

다음은 위 글의 내용을 한눈에 볼 수 있도록 정리한 표입니다. 빈칸에 들어갈 내용을 보기 에서 찾은 다음, 번호와 내용을 모두 쓰세요.

문제 개수 3 개

맞은 개수 [　] 개

틀린 개수 [　] 개

	화학비료	천연비료
만드는 방법	화학적인 방법을 통해 인공적으로 만들어짐	㉮ [　] 의 분해에 의해 만들어짐
흙의 변화	㉯ [　]	흙이 기름지게 됨
미치는 영향	• 지렁이와 미생물이 사라지고, 지하수가 오염됨 • 기억력 장애와 성장장애 및 암을 일으키기도 함	• 지렁이와 미생물이 잘 살게 됨 • 똥을 처리할 때 발생하는 ㉰ [　] 을 줄일 수 있음

❸
요약
하기

다음은 위 글을 간추린 것입니다. 빈칸에 들어갈 내용을 보기 에서 찾은 다음, 번호와 내용을 모두 쓰세요.

문제 개수 2 개

맞은 개수 [　] 개

틀린 개수 [　] 개

　곡식과 채소를 많이 얻기 위해 사용하는 비료에는 화학비료와 천연비료가 있습니다. ㉮ [　] 으로 만들어진 화학비료를 오래 사용하면 땅이 딱딱하게 변해 버리고, 농사에 큰 도움을 주는 ㉯ [　] 이 사라지게 됩니다.

　반면, 천연비료는 미생물에 의해 만들어집니다. 천연비료를 뿌리면 땅이 기름지게 되고, 지렁이와 미생물이 잘 자라 농작물을 많이 거두어들일 수 있습니다.

다음은 위 글에 가장 어울리는 제목을 찾는 과정입니다. 서로 관계 있는 것끼리 줄로 이으세요.

문제 개수 ❸ 개

맞은 ⬚ 개
개수

틀린 ⬚ 개
개수

천연비료의 좋은 점 ★   ★ 이 글의 제목으로 딱 좋아!

화학비료의 좋은 점 ★   ★ 이 글과 상관없는 제목이야!

화학비료와 천연비료 ★   ★ 내용을 전부 담기엔 부족해!

총 문제 개수 ⑩ 개 | 총 맞은 개수 ◯ 개 | 총 틀린 개수 ◯ 개

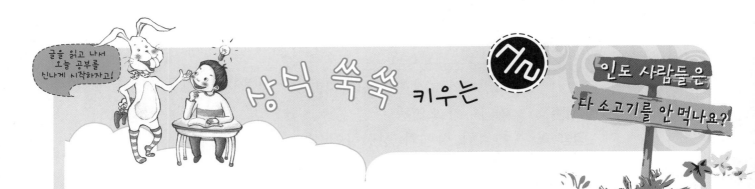

상식 쑥쑥 키우는 72

인도 사람들은 다 소고기를 안 먹나요?

종교에 따라 다르답니다. 인도에서 가장 많은 힌두교도들은 소고기는 먹지 않고 돼지고기를 먹어요. 그 다음으로 많은 이슬람교도들은 소고기는 먹는 대신 돼지고기를 먹지 않아요. 하지만 힌두교도들도 우유는 먹습니다. 힌두교도들이 소고기를 먹지 않는 이유는 힌두교의 위대한 세 신 중 하나인 비슈누 신이 타고 다니는 소를 신성하게 여기기 때문이에요.

인도에서 시장에 가면 한쪽 건물에서는 이슬람교도가 소고기를 팔고, 옆 건물에서는 힌두교도가 돼지고기를 팔아요. 그렇다고 소고기집 주인과 돼지고기집 주인이 다투지는 않아요. 일부 과격한 사람들이 폭력을 쓰는 경우도 있지만 보통 사람들은 종교가 달라도 서로 잘 어울려 살고 있습니다.

힌두교도가 소고기를 먹으면 어떻게 될까요? 법적으로 어떤 벌을 받는 것은 아니지만 힌두교도 사이에서 따돌림을 당한다고 해요.

03회

머리 풀어주는 퍼즐

도전 시간	걸린 시간
00 분 30 초	분 초

창의사고력 기초 다지기   판단능력   쑥~

짝수를 따라 길을 이어 보세요.

출발	2	4	3	5	1	7	
3	5	6	5	7	9	1	
2	1	2	7	3	1	5	
9	9	8	10	9	4	8	도착
5	3	7	4	6	2	3	
6	2	4	5	3	1	5	

빠르고 **정확**하게

도전시간

| 6 분 | 00 초 |

걸린시간

| 분 | 초 |

● 오늘의 읽기 자료입니다. 잘 읽고 문제를 풀어 보세요.

세상에서 가장 맛있는 커피는 고양이 똥 커피랍니다. 인도네시아의 사향고양이의 똥에서 얻어 낸 커피 열매로 만들기 때문에 '사향커피' 또는 '코피루왁' 으로 불린답니다. 사향커피를 마시기 위해서는 우선 사향고양이 똥 속에서 껍질이 벗겨진 커피 열매를 골라 내야 합니다. 그리고 이를 깨끗이 씻은 후 구워 내면 독특한 맛과 향을 지닌 커피로 탈바꿈하게 된답니다. 커피 열매가 사향고양이의 위와 내장을 통과하면서 사향커피만의 맛과 향을 얻게 된 것이지요. 그 덕분에 사향커피는 세계에서 가장 비싼 가격에 팔린답니다.

① 핵심어 찾기

1. 다음 문장의 빈칸에 알맞은 낱말을 적어 보세요. 빈칸의 낱말이 위 글에서 가장 중요한 핵심어입니다.

문제 개수 **2** 개

맞은 개수   개

틀린 개수   개

☐☐☐☐☐ 란 인도네시아의 사향고양이의 똥으로 만든 커피를 말합니다.

2. 다음은 위 글과 관련된 낱말들입니다. 가장 좁은 뜻을 지닌 단어를 찾아 ✔해 보세요. 표시한 낱말이 위 글에서 가장 중요한 핵심어입니다.

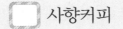 ☐ 음료   ☐ 사향커피   ☐ 커피

♥ 다음 를 이용해서 ❷번과 ❸번 문제를 풀어 보세요.

보기
　① 맛있다　　　　　　　② 사향고양이
　③ 코피루왁　　　　　　④ 커피 열매

❷
글의 짜임
그리기

문제 개수 2 개

맞은 개수 　 개

틀린 개수 　 개

다음은 위 글의 내용을 한눈에 볼 수 있도록 정리한 표입니다. 빈칸에 들어갈 내용을 보기 에서 찾은 다음, 번호와 내용을 모두 쓰세요.

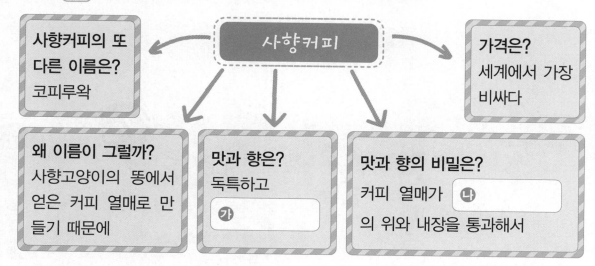

사향커피의 또 다른 이름은?
코피루왁

사향커피

가격은?
세계에서 가장 비싸다

왜 이름이 그럴까?
사향고양이의 똥에서 얻은 커피 열매로 만들기 때문에

맛과 향은?
독특하고
　가

맛과 향의 비밀은?
커피 열매가 　나
의 위와 내장을 통과해서

❸
요약
하기

문제 개수 1 개

맞은 개수 　 개

틀린 개수 　 개

다음은 위 글을 간추린 것입니다. 빈칸에 들어갈 내용을 보기 에서 찾은 다음, 번호와 내용을 모두 쓰세요.

　　사향커피는 사향고양이의 똥에서 얻은 커피 열매로 만드는데, 　가　　　　　　이라고도 불립니다. 커피 열매가 사향고양이의 위와 내장을 통과하기 때문에 커피의 맛과 향이 독특하고 맛있습니다. 사향커피는 세계에서 가장 비싼 커피입니다.

다음은 위 글에 가장 어울리는 제목을 지어 보는 과정입니다. 보기 에 주어진 낱말을 이용해서 제목을 달아 보세요.

보기 　　커피　　세계에서　　비싼　　가장

총 문제 개수 ⬤ 6 개 ┊ 총 맞은 개수 ⬤ 개 ┊ 총 틀린 개수 ⬤ 개

〈둥근 해가 떴습니다〉라는 동요에는 "꼭꼭 씹어 밥을 먹고"라는 구절이 나옵니다. 음식을 꼭꼭 씹으면 뇌에 자극을 주어 두뇌 발달에 도움을 줍니다. 그리고 음식을 잘 씹으면 침이 많이 분비되는데 침은 나쁜 독소를 없애는 작용을 합니다. 또한 잘 씹어 음식을 천천히 먹으면 배가 쉽게 부르기 때문에 살찌는 걸 예방할 수 있어요. 하지만 안타깝게도 요즘 아이들은 인스턴트 음식과 부드러운 음식만 좋아하고 딱딱한 음식을 싫어한대요.

음식을 잘 씹기 위해서는 요리할 때도 주의해야 합니다. 재료를 크게 자르고, 물기가 적게 요리해야 합니다. 너무 오래 가열해서 재료가 무르지 않게 하고, 씹히는 맛이 있는 재료를 많이 쓰는 게 좋아요. 예를 들면 콩, 오징어, 멸치, 아삭아삭한 채소 같은 것들이 좋아요.

공부를 시작할 때도
준비운동이 필요하다고!
하나둘 하나둘

도전 시간	걸린 시간
00 분 20 초	분 초

창의사고력 기초 다지기 정보처리능력 쑥~

 와 같은 그림이 되려면 어느 부분을 칠해야 할지 생각해 보고 번호를 모두 적어 보세요.

보기

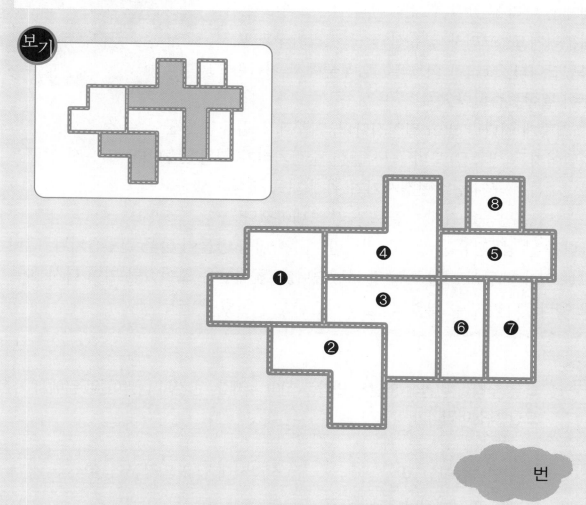

번

● 오늘의 읽기 자료입니다. 잘 읽고 문제를 풀어 보세요.

　　겨울철 민속놀이인 연날리기는 신라시대부터 시작되었답니다. 신라의 진덕여왕은 왕이 되자마자 어려움에 빠졌습니다. 신하인 비담과 염종이 여자에게는 나라를 맡길 수 없다면서 반란을 일으켰기 때문이지요. 그러자 김유신 장군은 반란군과 맞서 싸웠답니다. 그러던 어느 날, 밤하늘에서 커다란 별똥이 떨어졌습니다.

　　"저렇게 커다란 별이 떨어지다니, 아무래도 김유신 장군이 질 것 같아."

　　떨어지는 별똥을 보며, 군사들이 술렁거리기 시작했습니다. 김유신 장군은 불안해하는 군사들을 안심시키기 위해 꾀를 생각해 냈습니다.

　　"떨어진 별똥을 다시 하늘로 올려 보내야겠다."

　　다음 날 밤, 김유신 장군은 커다란 허수아비를 만들어 불을 질렀습니다. 그리고는 연에 매달아 하늘로 날려 보냈습니다. 군사들은 떨어졌던 별이 다시 하늘로 올라갔다며 힘을 얻었고, 결국 반란군을 무찔렀답니다.

❶ 핵심어 찾기

문제 개수 **2** 개

맞은 개수 ◯ 개

틀린 개수 ◯ 개

다음 문장의 빈칸에 알맞은 낱말을 적어 보세요. 빈칸의 낱말이 위 글에서 가장 중요한 핵심어입니다.

민속놀이인 ㉮ [　　　　] 는 신라시대 김유신 장군이 ㉯ [　　　　] 했다고 전해진답니다.

♥ 다음 보기 를 이용해서 ❷번과 ❸번 문제를 풀어 보세요.

보기
① 김유신 장군   ② 별똥
③ 허수아비   ④ 신라 진덕여왕

❷ 글의 짜임
그리기

문제 개수 3 개

맞은 개수 ◯ 개

틀린 개수 ◯ 개

다음은 위 글의 내용을 한눈에 볼 수 있도록 정리한 표입니다. 빈칸에 들어갈 내용을 보기 에서 찾은 다음, 번호와 내용을 모두 쓰세요.

> 연 날리기는 언제 생겼을까?

| ㉮   때, 신하인 비담과 염종이 반란을 일으키자 김유신 장군은 반란군과 맞서 싸우게 되었다. | ➡ | 어느 날 밤, 하늘에서 커다란 별똥이 떨어지자, 백성들과 군사들은 술렁거리기 시작했다. |

| 군사들은 ㉰   이 다시 하늘로 올라갔다며 힘을 얻었고, 결국 김유신 장군은 반란군을 무찔렀다. | ⬅ | ㉯   은 사람들을 안심시키기 위해 허수아비에 불을 질러 연에 매달아 하늘로 날려 보냈다. |

❸ 요약
하기

문제 개수 1 개

맞은 개수 ◯ 개

틀린 개수 ◯ 개

다음은 위 글을 간추린 것입니다. 빈칸에 들어갈 내용을 보기 에서 찾은 다음, 번호와 내용을 모두 쓰세요.

신라의 진덕여왕이 왕이 되자 반란이 일어났습니다. 김유신 장군은 여왕의 편이 되어 반란군과 맞서 싸웠습니다. 어느 날, 밤하늘에서 커다란 별똥이 떨어졌습니다. 사람들은 김유신 장군이 지게 될 거라며 술렁거리기 시작했습니다. 그러자 김유신 장군은 ㉮   에 불을 질렀습니다. 그리고는 연에 매달아 하늘로 날려 보냈습니다. 사람들은 별똥이 다시 하늘로 올라갔다며 힘을 얻었고, 김유신 장군은 반란군을 무찌르게 되었습니다.

다음은 위 글에 가장 어울리는 제목을 찾는 과정입니다. 서로 관계 있는 것끼리 줄로 이으세요.

이순신 장군과 연 ★   ★ 이 글의 제목으로 딱 좋아!

민속놀이 연날리기 ★   ★ 범위가 너무 넓어!

연날리기는 언제 생겼을까 ★   ★ 이 글과 상관없는 제목이야!

총 문제 개수 ◯9◯ 개   총 맞은 개수 ◯ 개   총 틀린 개수 ◯ 개

글을 읽고 나서 오늘 공부를 신나게 시작하자고!

생각하고 되새기는 7교시

저축도 가지가지

채린이는 돈만 생기면 저금통에 모아요. 동전도 모으고 지폐도 모아요. 저금통이 차면 새마을금고로 가지고 가요. 어려서부터 그렇게 해서 그냥 버릇이 되었어요. 원래 그렇게 하는 건 줄 알았거든요. 그런데 경제 교육 시간에 저축 이야기가 나왔어요. 채린이는 돈을 모으고 있다는 것을 자랑스럽게 얘기했어요. 그런데 경제 교육 선생님께서 그 돈을 왜 모으냐고 물으셨어요. 채린이는 말문이 막혔어요. 왜 모으는지는 생각해 본 적이 없었거든요.

책벌레 영훈이는 돈이 생기면 책을 산대요. 그리고 책에다 어떻게 생긴 돈으로 샀는지 메모를 해 둔대요. 처음에 아빠가 그렇게 해서 따라했는데 이젠 습관이 되었다고 했어요. 경제 교육 선생님은 호준이가 아주 좋은 저축을 한다고 칭찬해 주셨어요. 채린이는 자기가 좋아하는 일을 위해 돈을 쓰는 것도 아주 중요한 저축이란 걸 처음 알았답니다.

머리 풀어주는

도전 시간	걸린 시간
00 분 40 초	분 초

창의사고력 기초 다지기   계산능력 쑥~

보따리 안의 숫자의 합이 10이 되는 보따리 번호를 모두 적어 보세요.

❶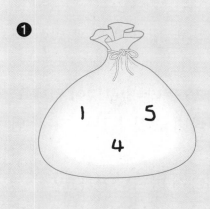

❷

❸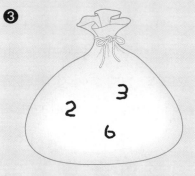

❹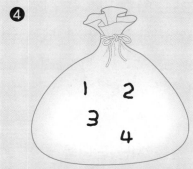

❺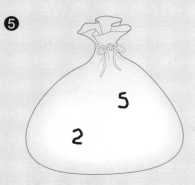

번

빠르고 정확하게  읽기

● 오늘의 읽기 자료입니다. 잘 읽고 문제를 풀어 보세요.

김똘똘 기자 : 연날리기의 달인 연 할아버지를 만나 보겠습니다. 우리나라의 연에는 옛날부터 전해 오는 방패연, 가오리연 그리고 요즘 생겨난 창작연이 있는 것으로 알고 있는데, 어떻게 다른가요?

연 할아버지 : 연의 모양과 무늬에 따라 나누고 있다네. 방패연은 직사각형인데 가운데 방구멍이라는 구멍을 내는 것이 특징이야. 다른 나라 연에는 없어. 방구멍 덕에 연이 빠르게 움직이고 센바람에도 끄떡없지.

김똘똘 기자 : 여기 마름모 모양을 한 건 가오리연이지요? 근데, 방구멍이 없네요.

연 할아버지 : 대신 꼬리를 길게 붙여. 꼬리가 바람을 타며 중심을 잡는 거지. 만들기가 쉬워서 아이들이 좋아해.

김똘똘 기자 : 그럼, 창작연은 연의 모양과 무늬를 창작해서 만드는 건가요?

연 할아버지 : 맞다네. 저것들은 대나무와 한지로 만드는데, 이건 만드는 사람 맘대로야. 그래서 모양이 다양하고 화려하지. 하늘 높이 날리면서 보고 즐기면 돼.

①
핵심어 찾기

문제 개수 1개

맞은
개수 ⬭ 개

틀린
개수 ⬭ 개

다음은 위 글과 관련된 낱말들입니다. 가장 넓은 뜻을 지닌 단어를 찾아 ✔해보세요. 표시한 낱말이 위 글에서 가장 중요한 핵심어입니다.

☐ 우리나라의 연   ☐ 방패연   ☐ 가오리연   ☐ 방구멍

♥ 다음 보기 를 이용해서 ❷번과 ❸번 문제를 풀어 보세요.

보기	① 방구멍	② 방패연
	③ 창작연	④ 대나무와 한지

다음은 위 글의 내용을 한눈에 볼 수 있도록 정리한 표입니다. 빈칸에 들어갈 내용을 보기 에서 찾은 다음, 번호와 내용을 모두 쓰세요.

	가	가오리연	창작연
모양	직사각형	마름모형	특별한 제한이 없다.
재료	대나무와 한지	나	특별한 제한이 없다.
특징	• 다 이 있다. • 빠르게 움직이고 센 바람에도 강하다.	• 방구멍 대신 긴 꼬리가 있다. • 만들기가 쉽다.	• 모양이 다양하고 화려하다. • 보고 즐기기에 좋다.

❸ 요약 하기

다음은 위 글을 간추린 것입니다. 빈칸에 들어갈 내용을 보기 에서 찾은 다음, 번호와 내용을 모두 쓰세요.

    우리나라의 연에는 방패연, 가오리연, 창작연이 있습니다. 직사각형의 방패연은 대나무와 한지로 만듭니다. 가운데 방구멍이 뚫려 있어 움직임이 빠르고 센바람에도 강합니다. 가오리연도 대나무와 한지로 만듭니다. 마름모 모양이고 방구멍 대신 긴 꼬리를 붙입니다. 만들기가 쉬워 아이들이 좋아합니다. 가 은 모양과 재료에 특별한 제한이 없습니다. 그러다보니 모양이 화려하고 다양해 보고 즐기기에 좋습니다.

다음은 위 글의 제목 후보입니다. 먼저, 위 글의 제목으로 가장 알맞은 것을 골라 빈 칸에 ○를 하세요. 그런 다음, 주어진 조건에 맞게 ×, △, □를 표시하세요. (단, ○는 딱 한 개만 고르세요.)

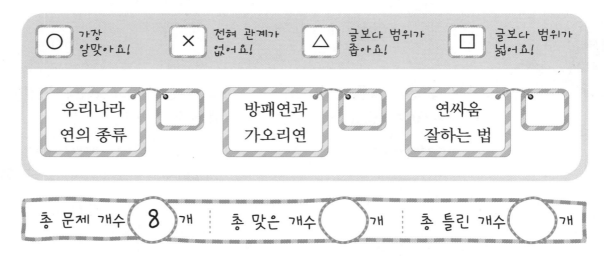

| ○ 가장 알맞아요! | × 전혀 관계가 없어요! | △ 글보다 범위가 좁아요! | □ 글보다 범위가 넓어요! |

| 우리나라 연의 종류 | | 방패연과 가오리연 | | 연싸움 잘하는 법 | |

총 문제 개수 ⑧ 개   총 맞은 개수 ◯ 개   총 틀린 개수 ◯ 개

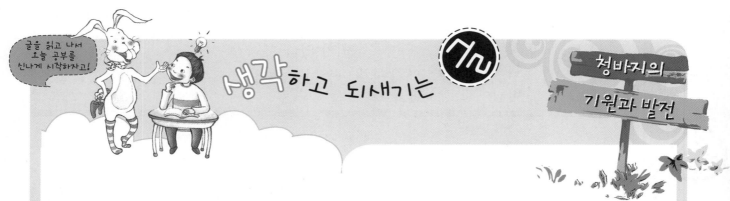

글을 읽고 나서 오늘 공부를 신나게 시작하자고!

생각하고 되새기는 기도

청바지의 기원과 발전

　청바지가 어떻게 생겨났는지 아세요? 청바지는 금광시대라 불리던 19세기에 천막 천을 생산하던 미국인 '스트라우스'가 발명했어요. 그는 광산에서 입는 바지를 질긴 천막 천으로 만들어 시장에 내놓았어요. 청바지가 크게 유행한 것은 영화 〈이유 없는 반항〉에서 제임스 딘이 청바지를 입고 난 다음이에요. 그 뒤로 청바지는 젊음과 반항의 상징이 되었어요.

　우리나라에 청바지가 들어온 것은 1950년대 미군들이 입기 시작하면서부터예요. 그 후 1970년대에는 청바지와 통기타가 젊음의 상징이 되었고, 1980년대에는 교복자율화 바람으로 청바지가 청소년들 사이에 퍼져 나갔어요. 그리고 지금까지 가장 중요한 패션 아이콘의 하나로 굳건히 자리를 지키고 있어요.

공부를 시작할 때도
준비운동이 필요하다고!
하나둘 하나둘

머리 풀어주는 퍼즐

도전 시간	걸린 시간
00 분 20 초	분 초

창의사고력 기초 다지기 주의집중력 쑥~

보기의 그림과 같은 부분을 찾아 동그라미 하고 몇 개인지 세어 보세요.

보기

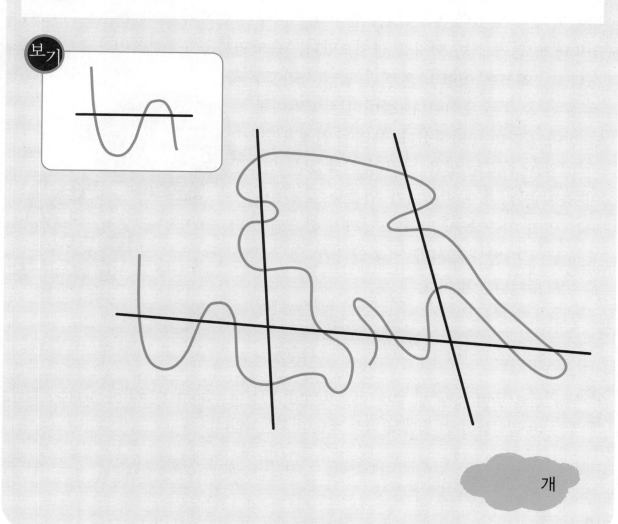

개

● 오늘의 읽기 자료입니다. 잘 읽고 문제를 풀어 보세요.

20○○년 ○월 ○○일

안양천에서 열린 정월 대보름날 행사에 다녀왔다. 달이 뜨자 할머니는 달맞이를 해야 한다며 내게 소원을 빌라고 하셨다. 달맞이를 하는데, 누군가 연을 나누어 주고 있었다. 나는 얼른 달려가 커다랗게 한자가 쓰인 연을 받아 왔다. 엄마에게 연에 적힌 한자를 물어보았다. '송액영복(送厄迎福)'이라고 알려 주셨다. '송액영복'이란 나쁜 운은 멀리 사라지고 좋은 운만 오라는 뜻이란다. 할머니는 액막이연을 받아 왔다며 좋아하셨다. 우리는 연에 이름과 생일을 적고는 연을 날리기 시작했다. 연이 높이 올라가자 할머니가 연줄을 끊으셨다. 나는 연이 아주 높이 날아가 달까지 갔으면 했다. 혹시 달에 마법사 토끼가 살고 있다면, 내 소원을 들어 줄지도 모르니까 말이다.

①
핵심어 찾기

다음 낱말 중에 위 글에 나온 낱말이 있으면 빈칸에 동그라미 하세요. 동그라미 한 낱말들이 위 글에서 가장 중요한 핵심어입니다.

문제 개수 5 개

맞은 개수 ___ 개

틀린 개수 ___ 개

방패연	액막이연	강강술래	정월 대보름날	송액영복

♥ 다음 보기 를 이용해서 ❷번과 ❸번 문제를 풀어 보세요.

보기
① 송액영복   ② 정월 대보름날
③ 나쁜 운은 멀리 가고   ④ 끊어 버린다.

❷
글의 짜임
그리기

문제 개수 3 개

맞은
개수   개

틀린
개수   개

다음은 위 글의 내용을 한눈에 볼 수 있도록 정리한 표입니다. 빈칸에 들어갈 내용을 보기 에서 찾은 다음, 번호와 내용을 모두 쓰세요.

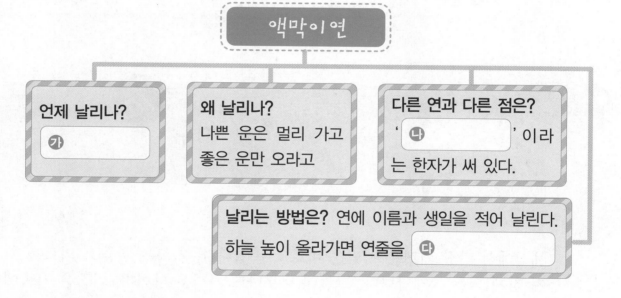

액막이연

언제 날리나?
㉮

왜 날리나?
나쁜 운은 멀리 가고
좋은 운만 오라고

다른 연과 다른 점은?
' ㉯ ' 이라
는 한자가 써 있다.

날리는 방법은? 연에 이름과 생일을 적어 날린다.
하늘 높이 올라가면 연줄을 ㉰

❸
요약
하기

문제 개수 1 개

맞은
개수   개

틀린
개수   개

다음은 위 글을 간추린 것입니다. 빈칸에 들어갈 내용을 보기 에서 찾은 다음, 번호와 내용을 모두 쓰세요.

액막이연은 정월 대보름날 날리는 연이다. 이 연에는 '송액영복' 이라는 한자를 쓰는데, ㉮   좋은 운만 오라는 뜻이다. 연에 이름과 생일을 적어 날리다가, 하늘 높이 올라가면 연줄을 끊어 버린다.

다음은 위 글에 가장 어울리는 제목을 찾는 과정입니다. 서로 관계 있는 것끼리 줄로 이으세요.

액막이연 날리기 ★　　　　★ 이 글의 제목으로 딱 좋아!

달에 사는 마법사 토끼 ★　　　★ 범위가 너무 넓어!

정월 대보름날의 풍습 ★　　　★ 이 글과 상관없는 제목이야!

총 문제 개수 ⬤ 12 개 │ 총 맞은 개수 ◯ 개 │ 총 틀린 개수 ◯ 개

글을 읽고 나서 오늘 공부를 신나게 시작하자고!

마음에 힘이 되는 수프

가족을 위한 배려

　　세상에서 가장 가까운 사람은 바로 가족입니다. 가족은 힘들고 외로울 때 가장 먼저 찾게 되는 존재랍니다. 그런데 너무나도 가까운 나머지, 가끔은 가족에게 함부로 대하기도 합니다. 기분이 나쁘다고 엄마에게 짜증을 내기도 하고, 동생의 머리를 쥐어박기도 하니까요. 소중한 존재일수록 마음을 살펴 주는 배려가 필요하답니다.

　　엄마와 마트에 갈 때면 살며시 엄마의 짐을 빼앗아 들어 보세요. 밤늦게 퇴근한 아빠를 위해 따뜻한 차 한 잔을 준비해 보기도 하구요. 할머니와 할아버지를 꼭 껴안고 뺨을 비벼 보세요. 간식을 먹기 전에 동생 몫을 먼저 덜어 놓아 보세요. 텔레비전 리모컨을 형에게 선뜻 건네 주기도 하구요. 어때요? 가족 모두가 활짝 웃고 있지 않나요? 엄마와 아빠, 동생과 형이 기뻐하면, 여러분의 마음도 행복해진답니다. 배려는 결국 나를 위한 행동이랍니다.

07회

머리 풀어주는 퍼즐

도전 시간	걸린 시간
00 분 30 초	분 초

창의사고력 기초 다지기 연상추리력 쑥~

돌아가는 그림이 있습니다. 나머지 셋과 다른 하나를 찾아 보세요.

❶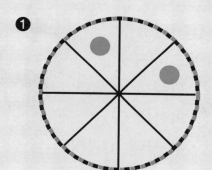

❷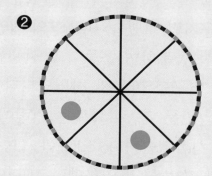

❸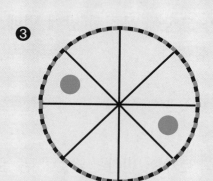

❹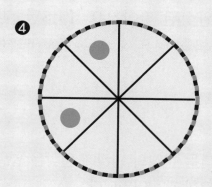

번

● 오늘의 읽기 자료입니다. 잘 읽고 문제를 풀어 보세요.

"귀뚜라미 소리는 아니야. 오늘은 어느 놈인지 알아낼 수 있을까?"

벌레 소리를 따라 며칠째 숲 속을 헤매고 있는 소년. 그가 바로 '곤충의 아버지'로 불리는 장 앙리 파브르입니다.

파브르는 1823년 프랑스에서 태어났습니다. 그는 어린 시절 할아버지와 함께 살았는데, 동물 그리고 곤충과 친구처럼 지냈습니다. 그의 집안은 무척 가난했지만 열심히 공부하여 초등학교 선생님이 되었고, 곤충에 관한 연구를 마음껏 하였답니다. 21년간 근무한 학교를 그만둔 후, 파브르는 어린이를 위한 과학책을 쓰기 시작했습니다. 1907년, 그는 오랜 연구 끝에 10권의 '곤충기'를 완성했습니다. 쇠똥구리 연구에만 40년이 걸렸다고 하니, 이 책은 그의 끈질긴 노력으로 완성된 것이지요. 1915년, 파브르가 고향에 묻히던 밤에 벌레 한 마리가 그의 관 주변에서 유난스레 반짝였다고 합니다.

1 핵심어 찾기

다음 문장의 빈칸에 알맞은 낱말을 적어 보세요. 빈칸의 낱말이 위 글에서 가장 중요한 핵심어입니다.

문제 개수 1개

맞은 개수 ◯ 개

틀린 개수 ◯ 개

어릴 적부터 곤충을 사랑한 [가 ____]는 오랜 관찰과 연구 끝에 '곤충기'를 완성했습니다. 그는 '곤충의 아버지'로 불린답니다.

♥ 다음 보기 를 이용해서 ❷번과 ❸번 문제를 풀어 보세요.

보기
① 곤충의 아버지
② 오랜 연구 끝에
③ 곤충기
④ 동물 그리고 곤충

❷ 글의 짜임 그리기

다음은 위 글의 내용을 한눈에 볼 수 있도록 정리한 표입니다. 빈칸에 들어갈 내용을 보기 에서 찾은 다음, 번호와 내용을 모두 쓰세요.

문제 개수 3 개

맞은 개수 ◯ 개

틀린 개수 ◯ 개

곤충의 아버지, 장 앙리 파브르

1823년 프랑스에서 태어난 파브르는 어린 시절을 할아버지 댁에서 보냈습니다.	➡ 파브르는 어려서부터 **가** 과 친구처럼 지냈습니다.	➡ 집안 형편이 어려웠던 그는 열심히 공부하여 선생님이 되었고 곤충에 관한 연구를 계속하였습니다.

1915년 세상을 떠난 파브르는 고향에 묻힙니다. 오늘날 그는 '**다**'로 불리고 있습니다.	⬅ 선생님을 그만둔 후, 파브르는 어린이를 위한 과학책을 많이 썼습니다. 그리고 1907년에는 **나** '곤충기'를 완성했습니다.

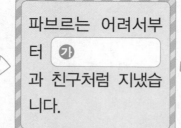
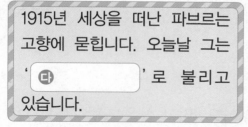
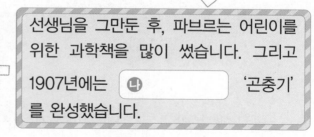

❸ 요약 하기

다음은 위 글을 간추린 것입니다. 빈칸에 들어갈 내용을 보기 에서 찾은 다음, 번호와 내용을 모두 쓰세요.

문제 개수 1 개

맞은 개수 ◯ 개

틀린 개수 ◯ 개

'곤충의 아버지'로 불리는 파브르는 1823년 프랑스에서 태어났습니다. 어린 시절을 할아버지 댁에서 보낸 그는 동물 그리고 곤충과 친구처럼 지냈습니다. 그의 집은 무척 가난했지만, 열심히 공부하여 초등학교 선생님이 되었습니다. 선생님이 된 파브르는 곤충에 관한 연구를 계속했습니다. 선생님을 그만둔 후, 파브르는 어린이를 위한 과학책을 많이 썼습니다. 그리고 1907년에는 오랜 동안의 곤충 연구를 바탕으로 '**가**'를 완성했습니다. 1915년 세상을 떠난 파브르는 고향에 묻혔습니다.

다음은 위 글에 가장 어울리는 제목을 지어 보는 과정입니다. 보기에 주어진 낱말을 이용해서 제목을 달아 보세요.

보기   곤충을   파브르   사랑한

좋은 습관 다지는

글을 읽고 나서 오늘 공부를 신나게 시작하자고!

꼭 필요한 물건부터 사야 해요.

학교 앞 문방구는 그냥 지나가기 쉽지 않아요. 먹고 싶은 거랑 갖고 싶은 게 너무 많아요. 참아야지 하면서도 또 가게 돼요. 먼저 막대사탕 하나 사고, 아바타 스티커 하나 샀더니 400원이 남았어요. 아니 그런데 요즘 유행인 커플 반지가 눈에 딱 띄는 거예요. 커플 반지는 1,000원이래요. 친한 친구랑 하나씩 끼면 예쁠 것 같은데…….

다음 날 커플반지를 사려고 돈을 가져 나오려고 했는데 한 푼도 없는 거예요. 저는 한 달에 용돈으로 10,000원을 받아요. 내가 언제 다 썼지? 언니가 빼갔나? 하긴 그러고 보니 요즘 매일 1,000원씩 들고 나가서 다 쓰고 왔어요. 없을 만도 하네요. 그래서 엄마한테 1,000원만 달라고 했어요. 엄마는 그런 건 내 돈으로 사래요. 혼날까봐 더 조르지는 못했어요.

용돈을 아껴 써야 할 것 같아요. 그래야 꼭 필요한 물건을 살 수 있으니까요. 꼭 필요한 물건부터 사고, 필요하지 않는 물건은 사지 않는 게 중요한 것 같아요.

머리 풀어주는 퍼즐

도전 시간	걸린 시간
00 분 40 초	분 초

창의사고력 기초 다지기 판단능력 쑥~

같은 모양의 도형들을 이으면 한 글자가 나옵니다. 어떤 글자가 숨어 있는지 찾아 적어 보세요.

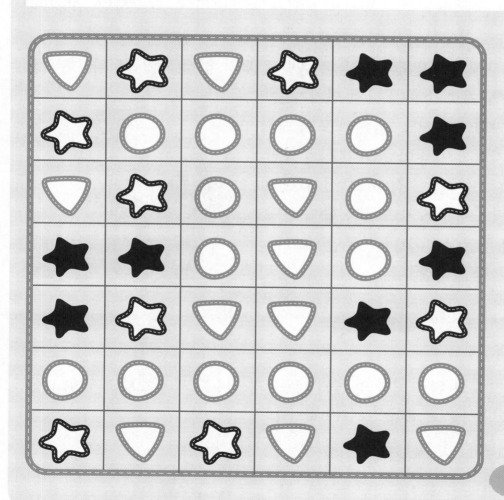

● 오늘의 읽기 자료입니다. 잘 읽고 문제를 풀어 보세요.

　　우리 아빠는 딸기 농사를 짓습니다. 해마다 비닐하우스 가득 먹음직스런 딸기가 주렁주렁 열립니다. 딸기밭에 가면 빨간 등에 까만 점박이가 있는 무당벌레도 만날 수 있습니다. 아빠가 일부러 풀어 놓은 무당벌레이지요. 우리에겐 예쁘고 귀여운 곤충지만, 진딧물에겐 무서운 존재랍니다. 왜냐하면 무당벌레의 먹잇감이 바로 진딧물이기 때문이에요.

　　무당벌레 덕분에 딸기밭에 농약을 사용할 필요가 없게 되었습니다. 우리 집 딸기는 무농약 딸기로 소문이 나서 인기가 높답니다. 값도 비싸게 팔리지요. 올해엔 도시 사람들이 우리 딸기밭까지 찾아왔습니다. 무당벌레와 함께 자란 딸기를 직접 따고 싶어 왔대요. 아빠는 사람들에게 딸기 모종과 함께 무당벌레를 나누어 주었어요. 고마운 무당벌레야. 먼 곳에 가서도 잘 자라렴.

❶ 핵심어 찾기

다음 낱말들이 위 글에서 몇 번씩 나왔는지 개수를 세어 보세요. 많이 나온 낱말이 위 글에서 가장 중요한 핵심어입니다.

문제 개수 **2** 개

맞은 개수 ◯ 개

틀린 개수 ◯ 개

무당벌레

진딧물

♥ 다음 보기를 이용해서 ❷번과 ❸번 문제를 풀어 보세요.

보기 ① 진딧물 ② 무당벌레
③ 딸기밭 체험 ④ 무농약

글의 짜임
그리기

다음은 위 글의 내용을 한눈에 볼 수 있도록 정리한 표입니다. 빈칸에 들어갈 내용을 보기에서 찾은 다음, 번호와 내용을 모두 쓰세요.

문제 개수 **3** 개

맞은
개수 ⬜ 개

틀린
개수 ⬜ 개

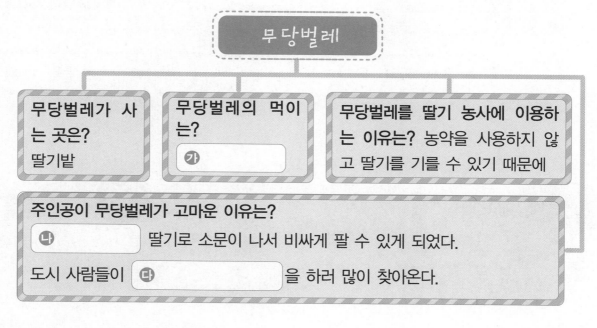

무당벌레

무당벌레가 사는 곳은?
딸기밭

무당벌레의 먹이는?
㉮

무당벌레를 딸기 농사에 이용하는 이유는? 농약을 사용하지 않고 딸기를 기를 수 있기 때문에

주인공이 무당벌레가 고마운 이유는?
㉯ 딸기로 소문이 나서 비싸게 팔 수 있게 되었다.
도시 사람들이 ㉰ 을 하러 많이 찾아온다.

❸
요약
하기

다음은 위 글을 간추린 것입니다. 빈칸에 들어갈 내용을 보기에서 찾은 다음, 번호와 내용을 모두 쓰세요.

문제 개수 **1** 개

맞은
개수 ⬜ 개

틀린
개수 ⬜ 개

㉮ 는 고마운 곤충입니다. 무당벌레는 진딧물을 먹고 자라기 때문에, 딸기밭에 풀어 놓으면 농약을 사용할 필요가 없습니다. 무당벌레와 함께 자란 딸기는 무농약 딸기로 인정받아 비싸게 팔 수 있습니다. 또한 도시 사람들이 딸기밭 체험을 하러 많이 찾아오기도 합니다.

4 제목달기

다음은 위 글의 제목 후보입니다. 먼저, 위 글의 제목으로 가장 알맞은 것을 골라 빈 칸에 ○를 하세요. 그런 다음, 주어진 조건에 맞게 ×, △, □를 표시하세요. (단, ○는 딱 한 개만 고르세요.)

문제 개수 3개

맞은 개수 　개
틀린 개수 　개

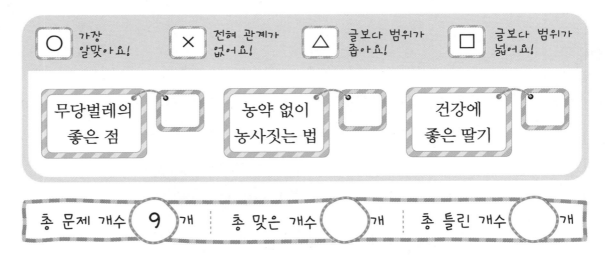

총 문제 개수 9개 　총 맞은 개수 ◯개 　총 틀린 개수 ◯개

상식 쑥쑥 키우는 **탱고의 기원과 종류**

　탱고는 언제, 어디에서 시작했을까요? 탱고는 19세기 유럽의 음악과 춤이 남아메리카로 이동하여 그곳의 리듬과 아프리카 리듬이 섞여 나타난 음악과 춤이에요.
　탱고가 처음 유럽에 소개된 것은 20세기 초였는데, 유럽 상류층 사회를 중심으로 유행이 되기도 했습니다. 탱고는 전통적인 '아르헨티나 탱고'와 유럽의 우아한 댄스 음악이 접목된 '콘티넨탈 탱고'로 나뉘었답니다. 콘티넨탈 탱고는 오케스트라의 다채로운 현악기를 가지고 우아하게 연주하고, 아르헨티나 탱고는 아코디온, 바이올린, 피아노, 베이스로 연주한답니다. 콘티넨탈 탱고는 춤 자체에 치중하는 반면, 아르헨티나 탱고는 서민들의 애환과 삶의 그리움을 진솔하게 표현한답니다.

머리 풀어주는 퍼즐

창의사고력 기초 다지기   정보처리능력 쑥~

다음 숫자 중에서 3보다 작은 수에만 동그라미 치고 몇 개인지 세어 보세요.

10   9   6   5

2

1   5   7   3   9

2

10   4   1   7

8   6   8   5   10

개

● 오늘의 읽기 자료입니다. 잘 읽고 문제를 풀어 보세요.

우리나라에서도 곤충의 습격이 시작되었습니다. 충북의 한 마을에서는 갈색여치의 습격으로 복숭아 수확량이 반 이상 줄어 주민들이 시름에 빠졌습니다. 서산 간척지의 주민들도 온 마을을 휩쓸고 다니는 깔따구*로 큰 불편을 겪고 있습니다.

이렇게 갑자기 곤충들이 늘어난 까닭은 무엇일까요? 전문가들은 지구 온난화*를 중요한 원인으로 꼽습니다. 추운 겨울에는 많은 곤충과 알이 죽는데 요즘에는 겨울철 온도가 높아지면서 곤충과 알이 많이 살아남게 된 것입니다. 이로 인해 곤충의 숫자가 늘어나게 된 것입니다.

또 다른 이유는 지나친 농약 사용 때문입니다. 농약은 해충*뿐만 아니라, 이를 잡아먹는 천적*까지도 죽이기 때문입니다. 천적이 사라지면 해충은 그 수가 늘어날 수밖에 없습니다. 곤충의 습격은 모두 인간의 잘못에서 비롯되었습니다. 지금이라도 지구 온난화를 예방하고 농약 사용을 줄여 나가야 합니다.

깔따구 : 파리목 깔따구과에 속하는 곤충 **지구 온난화** : 지구가 공해로 점점 더워지는 것 **해충** : 사람에게 피해를 주는 곤충. 반대로 도움을 주는 곤충은 익충 **천적** : 먹고 먹히는 동물의 세계에서, 잡아먹는 동물을 이르는 말

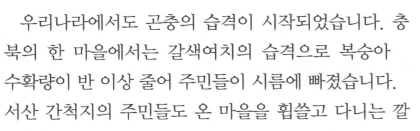

❶ 핵심어 찾기

다음 낱말 중에 위 글에 나온 낱말이 있으면 빈칸에 동그라미 하세요. 동그라미 한 낱말들이 위 글에서 가장 중요한 핵심어입니다.

문제 개수 **5** 개

맞은 개수 ◯ 개

틀린 개수 ◯ 개

메뚜기 떼	지구 온난화	여름	곤충	습격

♥ 다음 보기 를 이용해서 ❷번과 ❸번 문제를 풀어 보세요.

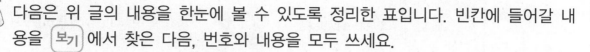

보기
① 천적
② 지구 온난화
③ 늘어났습니다.
④ 농약을 사용한다.

❷
글의 짜임
그리기

문제 개수 3 개

맞은
개수   개

틀린
개수   개

다음은 위 글의 내용을 한눈에 볼 수 있도록 정리한 표입니다. 빈칸에 들어갈 내용을 보기 에서 찾은 다음, 번호와 내용을 모두 쓰세요.

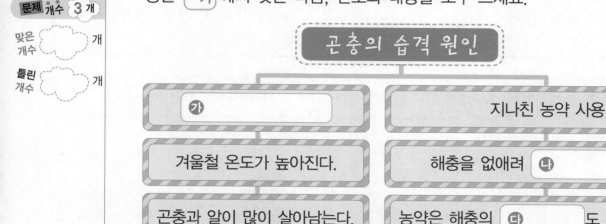

곤충의 습격 원인

가	지나친 농약 사용
겨울철 온도가 높아진다.	해충을 없애려 나
곤충과 알이 많이 살아남는다.	농약은 해충의 다 도 함께 죽인다.
곤충의 숫자가 더욱 늘어난다.	해충의 숫자가 더욱 늘어난다.

따라서, 지금이라도 지구 온난화를 예방하고 농약 사용을 줄여 나가야 한다.

❸
요약
하기

문제 개수 1 개

맞은
개수   개

틀린
개수   개

다음은 위 글을 간추린 것입니다. 빈칸에 들어갈 내용을 보기 에서 찾은 다음, 번호와 내용을 모두 쓰세요.

　　곤충의 습격으로 사람들이 피해를 입고 있습니다. 급작스런 곤충들의 증가는 지구 온난화가 그 주된 원인입니다. 지구 온난화로 겨울철 온도가 높아졌습니다. 이로 인해 많은 곤충과 알이 겨울에도 살아남아 그 숫자가 가 　　　　　　　　.

　　또한 지나친 농약 사용도 곤충, 특히 해충의 수를 늘리고 있습니다. 농약이 해충은 물론 해충을 먹고 사는 천적도 함께 죽이기 때문입니다. 지금이라도 지구 온난화를 예방하고 농약 사용을 줄여 나가야 합니다.

다음은 위 글에 가장 어울리는 제목을 찾는 과정입니다. 서로 관계 있는 것끼리 줄로
이으세요.

해충을 없애는 방법 ★   ★ 이 글의 제목으로 딱 좋아!

농약 사용의 피해 ★   ★ 범위가 너무 좁아!

곤충 습격의 원인 ★   ★ 이 글과 상관없는 제목이야!

글을 읽고 나서
오늘 공부를
신나게 시작하자고!

생각하고 되새기는

뜻대로 안되는
여행이 주는 공부

　이모는 다음 주에 세 번째 인도 여행을 떠나요. 내가 이모한테 왜 인도가 좋냐고
물었어요. 그랬더니 이모는 준비한 글을 읽기라도 하듯이 줄줄줄 쏟아내는 거예요.
　"난 인도에 가면 정말 살고 싶어져. 인도의 하루는 서울의 1년이거든. 바쁘게 돌
아가서 그렇다는 뜻은 절대 아니야. 오히려 반대야. 또 인도는 계획대로 안되는 게
매력이야. 유럽이나 일본은 여기서 짠 계획대로 여행을 하게 되거든. 근데 인도는
절대 안 그래. 난 그게 너무너무 좋아."
　이모 말을 다 이해할 수는 없지만, 너무 따라가고 싶어요. 예로부터 귀한 자식일
수록 여행을 보내라고 했대요. 실제로 유럽 귀족들은 자식들에게 유럽을 순례하는
여행을 시켰대요. 그러면서 자연스럽게 외국어도 배우고, 예술에 대해서도, 인생
에 대해서도 공부하게 된대요. 여행하다 겪게 되는 모든 어려움이 공부가 된대요.
저도 그런 여행을 가면 좋겠어요.

머리 풀어주는

10회

공부를 시작할 때도 준비운동이 필요하다고! 하나둘 하나둘

도전 시간	걸린 시간
00 분 30 초	분 초

창의사고력 기초 다지기 계산능력 쑥~

대각선에 있는 숫자들의 합이 10이 되도록 빈칸을 채워 보세요.

❶
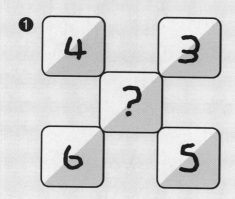

4 3
?
6 5

❷
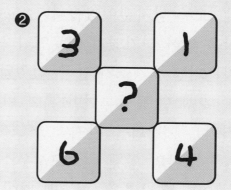

3 1
?
6 4

❸
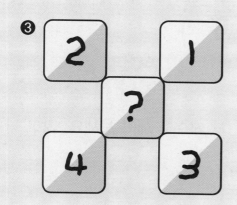

2 1
?
4 3

① ☁

② ☁

③ ☁

빠르고 **정확**하게 **읽기**

● 오늘의 읽기 자료입니다. 잘 읽고 문제를 풀어 보세요.

올림픽은 언제 시작되었을까요? 3천 년 전인 기원전 776년, 그리스의 올림피아에서 처음 열렸답니다. 고대 올림픽은 신들의 왕인 제우스를 기리기 위한 행사였습니다. 처음엔 달리기 경기만 있었는데, 점차 중거리·장거리 달리기, 원반 던지기, 레슬링, 권투, 전차 경주 등 다양한 종목으로 늘어났습니다. 우승자들은 영웅 대접을 받았는데, 모두 남자뿐이었습니다. 고대 올림픽은 남자들만을 위한 경기였기 때문입니다. 여자들은 경기 참가는커녕 구경조차 할 수 없었답니다.

1천 2백 년 동안 4년마다 한 번도 거르지 않고 열리던 올림픽은 293회를 마지막으로 더 이상 열리지 못했답니다. 393년 로마의 황제 테오도시우스에 의해 금지당했기 때문이지요. 역사 속에 묻혀 있던 올림픽은 1천 5백 년이 지난 후에야 다시 부활합니다. 1896년 쿠베르탱 남작의 노력으로 그리스의 아테네에서 근대 올림픽이 열리게 되었으니까요. 오늘날 올림픽은 전 세계인의 축제가 되었답니다.

①
핵심어
찾기

다음 낱말들이 위 글에서 몇 번씩 나왔는지 개수를 세어 보세요. 많이 나온 낱말이 위 글에서 가장 중요한 핵심어입니다.

문제 개수 **2**개

맞은
개수 ⬚ 개

틀린
개수 ⬚ 개

올림픽	경기

♥ 다음 [보기]를 이용해서 ❷번과 ❸번 문제를 풀어 보세요.

[보기]
① 4년마다
② 기원전 776년
③ 쿠베르탱 남작
④ 남자

❷ 글의 짜임 그리기

문제 개수 3개

맞은 개수 ( ) 개
틀린 개수 ( ) 개

다음은 위 글의 내용을 한눈에 볼 수 있도록 정리한 표입니다. 빈칸에 들어갈 내용을 [보기]에서 찾은 다음, 번호와 내용을 모두 쓰세요.

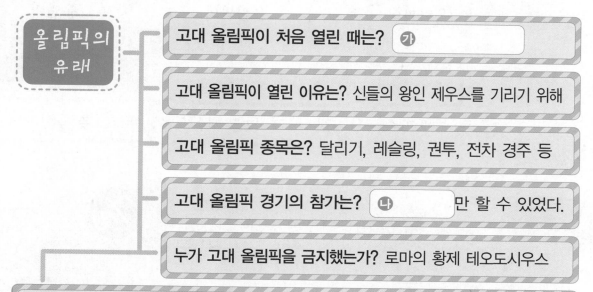

올림픽의 유래

고대 올림픽이 처음 열린 때는? (가)

고대 올림픽이 열린 이유는? 신들의 왕인 제우스를 기리기 위해

고대 올림픽 종목은? 달리기, 레슬링, 권투, 전차 경주 등

고대 올림픽 경기의 참가는? (나) 만 할 수 있었다.

누가 고대 올림픽을 금지했는가? 로마의 황제 테오도시우스

올림픽은 어떻게 부활했나? 1896년 (다) 에 의해 다시 열렸다.

❸ 요약 하기

문제 개수 1개

맞은 개수 ( ) 개
틀린 개수 ( ) 개

다음은 위 글을 간추린 것입니다. 빈칸에 들어갈 내용을 [보기]에서 찾은 다음, 번호와 내용을 모두 쓰세요.

　　기원전 776년 처음 열린 올림픽은 신들의 왕인 제우스를 기리기 위한 행사였습니다. 달리기, 레슬링, 권투, 전차 경주 등이 있었습니다. 우승자는 영웅 대접을 받았는데, 모두 남자였습니다. 여자들은 경기 참가는커녕 구경도 할 수 없었기 때문이었지요. 천 년 넘게 (가) 열리던 올림픽은 로마의 황제 테오도시우스에 의해 금지당하게 됩니다. 이후, 1896년 쿠베르탱 남작에 의해 그리스의 아테네에서 근대 올림픽이 다시 열리게 되었습니다.

다음은 위 글의 제목 후보입니다. 먼저, 위 글의 제목으로 가장 알맞은 것을 골라 빈 칸에 ○를 하세요. 그런 다음, 주어진 조건에 맞게 ×, △, □를 표시하세요. (단, ○는 딱 한 개만 고르세요.)

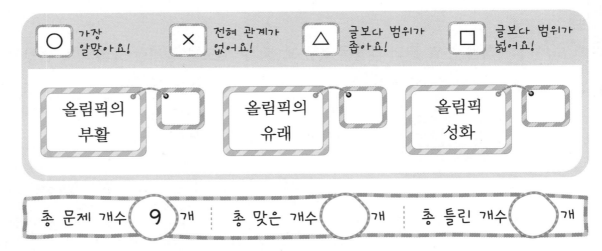

○ 가장 알맞아요! × 전혀 관계가 없어요! △ 글보다 범위가 좁아요! □ 글보다 범위가 넓어요!

| 올림픽의 부활 | | 올림픽의 유래 | | 올림픽 성화 | |

총 문제 개수 9 개 | 총 맞은 개수 ◯ 개 | 총 틀린 개수 ◯ 개

글을 읽고 나서 오늘 공부를 신나게 시작하자고!

상식 쑥쑥 키우는

우리나라 철도의 역사

　우리나라의 철도는 다른 선진국과는 다르게 외국에 의해 처음 만들어졌습니다. 일본이 중국과 러시아를 침략하는 도구로 만든 것입니다. 1899년 일본은 제물포(인천)와 노량진 사이에 33.2km 철도를 완성했는데, 이것이 한국 철도의 시초입니다. 1905년에는 서울에서 부산까지 연결하고 다시 서울에서 신의주, 마산에서 삼랑진까지 연결하여 이듬해 4월 경의선을 완공했습니다. 일본은 우리나라를 착취하기 위하여 철도망을 확장하여 1914년 호남선, 1928년 함경선을 완공했습니다. 1945년 광복 당시 철도의 총길이는 6,362km였습니다.

　그 뒤로 1950년대에 영동선, 충북선 등이, 1960년대와 1970년대에 경북선, 정선선, 문경선 등과 같은 산업철도가 건설되었고, 2004년 4월에는 고속철도가 개통되었습니다.

머리 풀어주는 퍼즐

창의사고력 기초 다지기   주의집중력 쑥~

의 그림이 들어가야 할 곳은 어디일까요?

보기

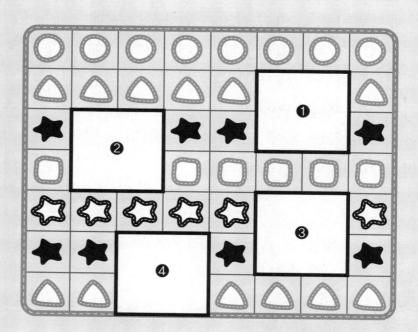

번

● 오늘의 읽기 자료입니다. 잘 읽고 문제를 풀어 보세요.

또 하나의 올림픽, 패럴림픽을 알고 있나요? 패럴림픽은 장애인 선수들이 참가하는 국제 스포츠 대회입니다. 패럴림픽도 올림픽과 마찬가지로 4년마다 열립니다. 올림픽을 마치고 난 후, 올림픽을 열었던 도시에서 연이어 패럴림픽도 열린답니다. 하지만 전 세계인의 시선이 집중되는 올림픽과는 달리, 패럴림픽에 대한 관심은 그리 높지 못합니다.

패럴림픽을 더 많이 알리기 위해서는 텔레비전의 도움이 필요합니다. 텔레비전에서 패럴림픽의 모든 경기를 방송한다면, 더 많은 사람들이 패럴림픽에 대해 알게 될 테니까요. 올림픽이 끝난 후에 또 하나의 올림픽이 열린다는 사실을 꼭 기억해 주세요.

❶ 핵심어 찾기

다음 문장의 빈칸에 알맞은 낱말을 적어 보세요. 빈칸의 낱말이 위 글에서 가장 중요한 핵심어입니다.

문제 개수 1 개

맞은 개수 ☁ 개

틀린 개수 ☁ 개

　　　　　　　　이란 장애인 선수들이 참가하는 국제 스포츠 대회를 말한답니다.

♥ 다음 보기 를 이용해서 ❷번과 ❸번 문제를 풀어 보세요.

보기
① 올림픽
② 텔레비전으로 방송한다.
③ 관심이 적습니다.
④ 장애인 선수들

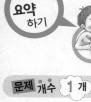

❷
글의 짜임
그리기

다음은 위 글의 내용을 한눈에 볼 수 있도록 정리한 표입니다. 빈칸에 들어갈 내용을 보기 에서 찾은 다음, 번호와 내용을 모두 쓰세요.

문제 개수 3 개

맞은 개수 ◯ 개
틀린 개수 ◯ 개

또 다른 올림픽, 패럴림픽

패럴림픽이란? 가 ⬚⬚⬚⬚ 이 참가하는 국제 스포츠 대회이다.

몇 년마다 열리나? 4년마다

열리는 곳은? 나 ⬚⬚⬚ 이 열린 도시에서

패럴림픽의 인기는? 올림픽보다 낮다.

패럴림픽을 더 많이 알리기 위한 방법은? 패럴림픽의 모든 경기를 다 ⬚⬚⬚

❸
요약
하기

다음은 위 글을 간추린 것입니다. 빈칸에 들어갈 내용을 보기 에서 찾은 다음, 번호와 내용을 모두 쓰세요.

문제 개수 1 개

맞은 개수 ◯ 개
틀린 개수 ◯ 개

패럴림픽은 장애인 선수들이 참가하는 국제 스포츠 대회입니다. 4년마다 열리는 패럴림픽은 올림픽이 열린 도시에서 연이어 열린답니다. 패럴림픽은 올림픽에 비해 사람들의 가 ⬚⬚⬚⬚⬚⬚ 보다 많은 사람에게 패럴림픽을 알리기 위해서는 텔레비전의 도움이 필요합니다. 패럴림픽의 모든 경기를 텔레비전으로 방송한다면, 더 많은 사람들이 패럴림픽에 대해 알 수 있을 것입니다.

다음은 위 글에 가장 어울리는 제목을 지어 보는 과정입니다. 보기 에 주어진 낱말을 이용해서 제목을 달아 보세요.

보기

올림픽   또   패럴림픽   하나의

마음에 힘이 되는 글

글을 읽고 나서 오늘 공부를 신나게 시작하자고!

봉숭아꽃과 액막이

'네일아트'라고 써 붙인 곳을 본 적이 있을 거예요. 손톱을 예쁘게 다듬고는 그 위에 갖가지 색으로 매니큐어를 발라서 멋을 내어 주는 곳이지요. 옛날 우리 할머니들도 '네일아트'를 했답니다. 여름이면 흔히 볼 수 있는 봉숭아꽃을 따다가 찧어서 손톱을 빨갛게 물들였지요.

그런데 예쁘게 보이는 것 말고도 다른 이유로 봉숭아물을 들였답니다. 바로 나쁜 기운을 쫓기 위해서였지요. 우리 조상들은 붉은 색에는 나쁜 기운을 쫓는 '액막이' 능력이 있다고 여겼어요. 동짓날 붉은 팥죽을 먹는 것도 같은 까닭이지요. 그래서 집안에 나쁜 기운이 들어오지 말라고, 붉은 꽃을 피우는 봉숭아를 담 밑에 심었답니다. 그리고 여름철 병 없이 건강하게 지내길 바라며 아이들 손톱에 봉숭아물을 들인 거랍니다. 예쁘기만 하던 봉숭아꽃이 듬직하게 보이지요?

머리 풀어주는 퍼즐

도전 시간
00 분 40 초

걸린 시간
분 초

창의사고력 기초 다지기   연상추리력 쑥~

다음 빈칸에 어떤 수가 들어가야 할지 써 보세요.

| 4 | 8 | 6 | 4 | 8 | 6 | 4 | 8 | 6 | 4 | 8 | |

| 2 | 3 | 4 | 5 | 2 | 3 | 4 | 5 | 2 | 3 | 4 | |

| 7 | 7 | 5 | 7 | 7 | 5 | 7 | 7 | 5 | 7 | 7 | |

| 2 | 4 | 6 | 8 | 10 | 2 | 4 | 6 | |

| 1 | 3 | 5 | 7 | 9 | 1 | 3 | 5 | |

| 5 | 4 | 3 | 3 | 5 | 4 | 3 | 3 | 5 | 4 | |

● 오늘의 읽기 자료입니다. 잘 읽고 문제를 풀어 보세요.

　기분이 참 좋다. 가을 운동회에서 우리 청군이 백군을 이겼기 때문이다. 맨 처음 경기는 우리 1학년이 하는 박터트리기였다. 나는 오자미를 맞으며 힘껏 던졌지만 박은 잘 터지지 않았다. 청군의 박이 먼저 터지는 바람에 지고 말았다. 웬일인지 2학년 공굴리기와 4학년 피구만 이겼을 뿐, 3학년 장애물건너기, 5학년 배구, 6학년 농구는 지고 말았다.

　드디어 전 학년이 참가하는 400미터 이어달리기만 남았다. 총소리가 나자 내 짝 채은이가 달리기 시작했다. 나는 목이 터져라 채은이를 응원했다. 어느새 마지막 선수인 6학년 형이 달리기 시작했다. 우리는 모두 자리에서 일어나 큰 소리로 응원을 했다. 파란 띠를 손에 맨 형이 먼저 결승선으로 들어왔다.

　누나가 청군에게 행운이 많아 해마다 청군이 이긴다고 하더니, 그 말이 맞는 것 같다. 내년에도 또 청군이 되었으면 좋겠다.

❶ 핵심어 찾기

문제 개수 1 개

맞은 개수 ◯ 개

틀린 개수 ◯ 개

다음은 위 글과 관련된 낱말들입니다. 가장 넓은 뜻을 지닌 낱말을 찾아 ✔해보세요. 표시한 낱말이 위 글에서 가장 중요한 핵심어입니다.

☐ 가을 운동회　　　☐ 이어달리기　　　☐ 청군

♥ 다음 [보기]를 이용해서 ❷번과 ❸번 문제를 풀어 보세요.

[보기]
① 이어달리기　　　② 청군
③ 공굴리기　　　④ 백군

❷ 글의 짜임 그리기

문제 개수 3 개

맞은 개수 ◯ 개

틀린 개수 ◯ 개

다음은 위 글의 내용을 한눈에 볼 수 있도록 정리한 표입니다. 빈칸에 들어갈 내용을 [보기]에서 찾은 다음, 번호와 내용을 모두 쓰세요.

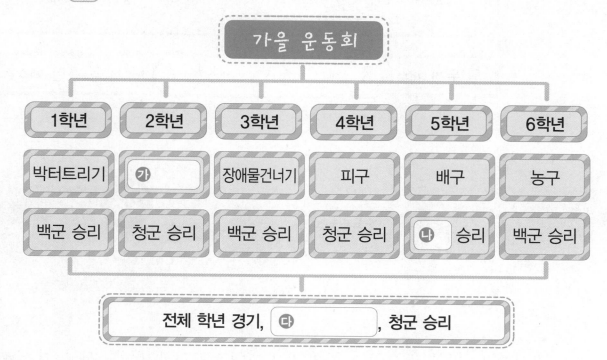

가을 운동회

1학년	2학년	3학년	4학년	5학년	6학년
박터트리기	㉮	장애물건너기	피구	배구	농구
백군 승리	청군 승리	백군 승리	청군 승리	㉯ 승리	백군 승리

전체 학년 경기, ㉰ , 청군 승리

❸ 요약 하기

문제 개수 1 개

맞은 개수 ◯ 개

틀린 개수 ◯ 개

다음은 위 글을 간추린 것입니다. 빈칸에 들어갈 내용을 [보기]에서 찾은 다음, 번호와 내용을 모두 쓰세요.

　　오늘은 가을 운동회 날이었다. 첫 경기는 1학년 박터트리기였다. 나는 열심히 오자미를 던졌지만 지고 말았다. 공굴리기와 피구만 이기고 장애물건너기와 배구와 농구는 지고 말았다. 드디어 마지막 경기인 400미터 이어달리기만 남았다. 힘찬 응원소리 덕인지 청군 선수가 결승선에 먼저 들어왔다. 결국, 올해의 가을 운동회는 우리 ㉮ 이 이겼다.

다음은 위 글에 가장 어울리는 제목을 찾는 과정입니다. 서로 관계 있는 것끼리 줄로
이으세요.

행운의 백군 ★   ★ 이 글의 제목으로 딱 좋아!

가을 운동회 날 ★   ★ 범위가 너무 좁아!

박터트리기 하는 법 ★   ★ 이 글과 상관없는 제목이야!

총 문제 개수 ⑧ 개 ┊ 총 맞은 개수 ◯ 개 ┊ 총 틀린 개수 ◯ 개

상식 쑥쑥 키우는 가

프랑스 3대 요리

글을 읽고 나서
오늘 공부를
신나게 시작하자고!

　　푸아그라 : 거위 간 요리로, 거위 간을 그대로 구워서 먹기도 하고, 토스트 위에
얇게 바르거나 수프에 넣어서 먹는 등 다양하게 요리해서 먹는다. 일반 음식에 비
해 가격이 비싸기 때문에 특별한 때에 먹는다.

　　트뤼플 : 송로버섯 요리로, 송로버섯은 프랑스와 이탈리아에서 가장 사랑받는
버섯이다. 떡갈나무 숲 땅 속에서 자라는데 주로 개나 돼지를 이용해서 채취한다.
프랑스에서는 블랙 트뤼플이 인기인데 푸아그라, 수프, 송아지고기에 이용되고 샐
러드로 향을 즐긴다. 이탈리아 사람은 화이트 트뤼플을 좋아하는데 얇게 켜서 샐
러드 위에 뿌려 먹는다.

　　캐비아 : 철갑상어 알 요리로, 넓게는 소금에 절인 물고기 알 전체를 가리키지만
보통 철갑상어 알(블랙 캐비아)이나 연어 알(레드 캐비아)을 가리킨다.

13회 머리 풀어주는 퍼즐

공부를 시작할 때도 준비운동이 필요하다고! 하나둘 하나둘

도전 시간	걸린 시간
00 분 20 초	분 초

창의사고력 기초 다지기 판단능력 쓱~

미로가 있습니다. 홀수를 따라 길을 이으면 마지막 숫자는 무엇일까요?

1	3	5	8	2	3
2	4	1	9	4	2
3	6	8	7	3	4
2	2	8	10	1	2
6	4	1	6	5	1
8	5	7	4	8	6

도전시간

| 6 분 | 20 초 |

걸린시간

| 분 | 초 |

● 오늘의 읽기 자료입니다. 잘 읽고 문제를 풀어 보세요.

활짝 핀 연꽃을 본 적이 있을 거예요. 연꽃처럼 물 속에서 나서 몸의 일부나 전부가 물 속에서 자라는 식물을 수생식물이라고 한답니다. 수생식물은 자라는 모습에 따라 여러 가지 종류로 나뉜답니다.

갈대, 부들, 창포는 물가에서 자랍니다. 뿌리는 물 속 바닥에 두고 있지만 줄기와 잎은 물 밖까지 뻗치고 있지요. 갈대나 부들과 달리 뿌리는 밑바닥에 내린 채 물 위에 잎을 둥둥 띄우고 사는 것도 있답니다. 마름, 수련, 연꽃이지요. 한편, 개구리밥, 물옥잠, 자라풀은 뿌리부터 잎까지 물 위에 뜬 채 지낸답니다. 아예 물 속에 온 몸을 푹 담근 채 사는 것도 있습니다. 붕어마름, 물수세미, 검정말 등입니다.

요즘, 이 수생식물들의 인기가 높아지고 있습니다. 더러워진 물을 깨끗하게 바꾸어 주기 때문이지요. 일부러 섬을 만들어 갈대, 줄, 애기부들 등을 심어 자연 정수장을 만들기도 한답니다.

① 핵심어 찾기

다음 문장의 빈칸에 알맞은 낱말을 적어 보세요. 빈칸의 낱말이 위 글에서 가장 중요한 핵심어입니다.

문제 개수 1 개

맞은 개수 ⬚ 개

틀린 개수 ⬚ 개

⬚⬚⬚⬚ 이란 물 속에서 나서 몸의 일부나 전부가 물 속에서 자라는 식물을 말한답니다.

62

♥ 다음 보기 를 이용해서 ❷번과 ❸번 문제를 풀어 보세요.

보기 ① 물가에서 자라는 식물   ② 자연 정수장

③ 물 속에 잠겨 사는 식물   ④ 연꽃

❷
글의 짜임
그리기

문제 개수 3 개

맞은
개수   개

틀린
개수   개

다음은 위 글의 내용을 한눈에 볼 수 있도록 정리한 표입니다. 빈칸에 들어갈 내용을 보기 에서 찾은 다음, 번호와 내용을 모두 쓰세요.

수생식물	물 속에서 나서 몸의 일부나 전부가 물 속에서 자라는 식물	
수생식물의 종류	㉮	갈대, 부들, 창포
	물 위에 잎을 내는 식물	마름, 수련, ㉯
	물 위에 떠서 사는 식물	개구리밥, 물옥잠, 자라풀
	㉰	붕어마름, 물수세미, 검정말
수생식물의 기능	더러워진 물을 깨끗하게 바꾸어 준다.	

❸
요약
하기

문제 개수 1 개

맞은
개수   개

틀린
개수   개

다음은 위 글을 간추린 것입니다. 빈칸에 들어갈 내용을 보기 에서 찾은 다음, 번호와 내용을 모두 쓰세요.

수생식물이란 물 속에서 나서 몸의 일부나 전부가 물 속에서 자라는 식물을 말합니다. 수생식물은 자라는 모습에 따라 종류를 나눕니다. 물가에서 자라는 식물로는 갈대, 부들, 창포가 있습니다. 물 위에 잎을 내는 식물로는 마름, 수련, 연꽃이 있습니다. 물 위에 떠서 사는 식물로는 개구리밥, 물옥잠, 자라풀이 있고, 물 속에 잠겨 사는 식물로는 붕어마름, 물수세미, 검정말이 있습니다. 수생식물을 심어 더러워진 물을 깨끗하게 바꾸어 주는 ㉮   을 만들기도 합니다.

④ 제목 달기

문제 개수 3 개

맞은 개수 ( ) 개

틀린 개수 ( ) 개

다음은 위 글의 제목 후보입니다. 먼저, 위 글의 제목으로 가장 알맞은 것을 골라 빈 칸에 ○를 하세요. 그런 다음, 주어진 조건에 맞게 ×, △, □를 표시하세요. (단, ○는 딱 한 개만 고르세요.)

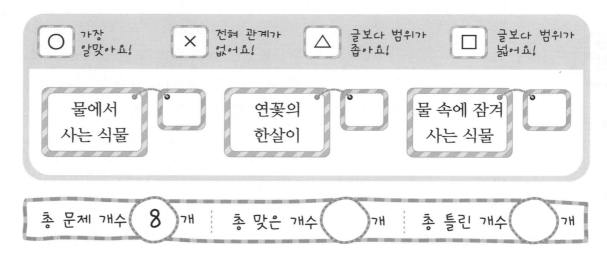

총 문제 개수 8 개   총 맞은 개수 ( ) 개   총 틀린 개수 ( ) 개

글을 읽고 나서 오늘 공부를 신나게 시작하자고!

좋은 습관 다지는 72

오늘 할 일을 내일로 미루지 않기

민수는 가방을 내팽개치듯 놓고 뛰어나갔어요. 뒤에서 엄마가 "숙제 해 놓고 놀아야지" 하는 소리가 들렸지만 그냥 못 들은 척했죠. 저녁 무렵에야 들어왔는데 이모가 사촌형이랑 놀러왔어요. 이모가 저녁을 사 준다며 나가자고 했어요.

그런데 엄마가 "민수 아직 숙제도 안 했어. 그냥 집에서 대충 먹자" 이러셨어요. 나는 얼른 해치우려는 속셈으로 가방을 열고 알림장을 폈어요. 오늘따라 만들기 숙제에 수학 숙제도 많아요. 외식은커녕 형이랑 놀지도 못했어요. 다른 때 같으면 만들기 숙제는 엄마가 도와주는데 오늘은 이모랑 얘기하느라 눈길도 안 주세요.

민수는 그날 밤 일기에 이렇게 썼어요. "재미있게 놀기 위해서라도 할 일을 미루면 안 된다는 걸 알았다."

14회

머리 풀어주는 퍼즐

공부를 시작할 때도
준비운동이 필요하다고!
하나둘 하나둘

도전 시간	걸린 시간
00 분 30 초	분 초

창의사고력 기초 다지기 · 정보처리능력 쑥~

어떤 규칙을 따라 피라미드 모양으로 쌓인 벽돌들이 있습니다. 가운데
들어가야 할 모양은 몇 번일까요?

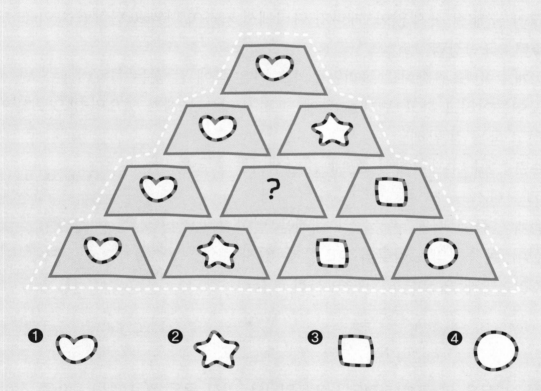

번

● 오늘의 읽기 자료입니다. 잘 읽고 문제를 풀어 보세요.

김 수련 : 방개야. 저기 작고 기다란 게 물 위를 맘대로 걸어 다닌다. 뭐지?

이 방개 : 소금쟁이야. 그것도 몰라?

김 수련 : 잘난 척하기는. 그럼 소금쟁이가 어떻게 물에 안 빠지는지 알아?

이 방개 : 소금쟁이는 몸이 무척 가벼워. 0.02g밖에 안 돼. 그리고 다리에 잔털이 많아 물에 잘 젖지 않아. 게다가 다리에서 기름이 나와 표면장력을 이용하지.

김 수련 : 표면장력?

이 방개 : 헉! 표면장력도 몰라? 물의 표면은 물에 잘 젖는 물체가 닿으면 자꾸 끌어들이려고 하고, 반대로 물에 잘 젖지 않는 물체가 닿으면 밖으로 밀어내려고 하는 걸 말해.

김 수련 : 와! 너 대단하다. 근데, 소금쟁이는 소금을 먹고 사니?

이 방개 : 물에 빠진 곤충들의 체액을 빨아먹고 살아. 곤충계의 드라큘라라고 할 수 있지.

김 수련 : 방개! 앞으론 널 곤충박사라고 불러야겠다.

❶ 핵심어 찾기

다음은 위 글과 관련된 낱말들입니다. 가장 좁은 뜻을 지닌 단어를 찾아 ✔해보세요. 표시한 낱말이 위 글에서 가장 중요한 핵심어입니다.

문제 개수 1 개

맞은 개수 ◯ 개

틀린 개수 ◯ 개

☐ 물에서 사는 곤충   ☐ 소금쟁이   ☐ 곤충

66

♥ 다음 보기를 이용해서 ❷번과 ❸번 문제를 풀어 보세요.

보기　① 체액　　　　　　　② 물가
　　　③ 표면장력　　　　　④ 잔털

❷
글의 짜임
그리기

문제 개수 3 개

맞은
개수 ⃝ 개

틀린
개수 ⃝ 개

다음은 위 글의 내용을 한눈에 볼 수 있도록 정리한 표입니다. 빈칸에 들어갈 내용을 보기에서 찾은 다음, 번호와 내용을 모두 쓰세요.

소 금 쟁 이

소금쟁이가 사는 곳은? ㉮

소금쟁이의 생김새는? 작고 길쭉하다. 다리에 잔털이 많다.

소금쟁이의 먹이는? 다른 곤충의 ㉯

소금쟁이가 물에 빠지지 않는 이유는? 다리의 잔털이 물에 잘 젖지 않고 기름이 나와 물의 ㉰ 을 이용한다.

❸
요약
하기

문제 개수 1 개

맞은
개수 ⃝ 개

틀린
개수 ⃝ 개

다음은 위 글을 간추린 것입니다. 빈칸에 들어갈 내용을 보기에서 찾은 다음, 번호와 내용을 모두 쓰세요.

　　물가에 사는 곤충에는 소금쟁이가 있습니다. 소금쟁이의 몸은 작고 길쭉하며, 다리에는 잔털이 많이 나 있습니다. 소금쟁이는 물에 빠진 다른 곤충의 체액을 먹고 삽니다. 소금쟁이가 물에서 마음대로 걸어 다니는 이유는 물의 표면장력 때문입니다. 다리의 ㉮ 때문에 물에 잘 젖지 않고, 다리에서 기름이 나와 표면장력을 이용하는 것이지요.

다음은 위 글에 가장 어울리는 제목을 찾는 과정입니다. 서로 관계 있는 것끼리 줄로 이으세요.

연못의 하루 ★　　　　　★ 글의 제목으로 딱 좋아!

물에서 사는 생물 ★　　　　★ 범위가 너무 넓어!

물에 사는 소금쟁이 ★　　　★ 이 글과 상관없는 제목이야!

총 문제 개수 ⑧ 개　｜　총 맞은 개수 ◯ 개　｜　총 틀린 개수 ◯ 개

글을 읽고 나서 오늘 공부를 신나게 시작하자고!

생각하고 되새기는

한글의 우수성

　한글은 우리나라 고유 글자의 이름이에요. 세종대왕이 우리말을 표기하기 위하여 창제한 훈민정음을 20세기 이후에 이렇게 부르게 되었어요. 1446년 반포될 당시에는 28 자모(字母)였지만, 현재는 자음 14개와 모음 10개를 합쳐 24개만 쓰여요. 이러한 자음과 모음을 서로 조합해서 만들 수 있는 글자 수는 자그마치 1,639,011개나 되니 표현하지 못할 말이 거의 없어요.

　한글은 참 배우기 쉬워요. 우리나라에 글을 읽고 쓸 줄 모르는 사람이 적은 것도 이 때문이랍니다. 실제로 외국인들에게 읽는 원리만 가르쳐 주면 바로 읽는답니다. 게다가 한글은 컴퓨터에 가장 잘 맞는 과학적인 글자예요. 'ㄱ+ㅏ=가'로 조합되는 원리가 컴퓨터 계산 원리와 비슷해서 IT 산업 발달의 바탕이 되었다고도 해요. 컴퓨터 자판과 휴대 전화의 문자 입력 속도는 세계 어느 나라 말보다 빨라서 신속성과 정확성이 필요한 정보화 사회에 아주 적합하지요.

　한글이 이렇게 우수하다는 걸 혹시 우리만 모르고 있는 건 아닐까요?

머리 풀어주는 퍼즐

창의사고력 기초 다지기 계산능력 쑥~

더해서 8이 되도록 위아래 두 숫자를 이어 보세요.

도전시간
6 분 | 30 초

걸린시간
분 | 초

● 오늘의 읽기 자료입니다. 잘 읽고 문제를 풀어 보세요.

　1억 4천 년 동안이나 물을 머금고 있는 땅, 우포늪의 사계절은 어떤 모습일까요?

　우포늪의 봄은 부산합니다. 겨울 철새인 큰기러기, 청둥오리가 먼 시베리아로 떠날 준비를 하고, 물 속 식물인 내버들과 마름이 기지개를 켤 준비를 시작하기 때문이지요. 여름의 우포늪은 소란합니다. 여름 철새 왜가리와 중대백로가 갓 태어난 새끼를 보살피기 때문이에요. 물 속에선 새벽녘에 가시연꽃이 잠깐 피었다 사라지고, 아이들은 펄에 빠진 채 물방개를 잡고 좋아합니다.

　우포늪은 서걱대며 가을을 지냅니다. 붉은 빛 노을 아래서 은백색 물억새와 갈대밭이 바람에 몸을 비벼대거든요. 늦은 봄에 떠났던 철새들을 다시 맞을 채비를 합니다. 우포늪의 겨울은 조용합니다. 모두 잠이 들었거든요. 가시연꽃 열매는 펄 속에서 봄을 기다리고, 개구리와 올챙이도 깊은 잠에 빠집니다. 큰기러기와 청둥오리만 먹을 것을 찾아 돌아다니고, 구경 온 아이들의 웃음소리가 고요한 우포늪을 깨웁니다.

①
핵심어 찾기

다음 낱말 중에 위 글에 나온 낱말이 있으면 빈칸에 동그라미 하세요. 동그라미한 낱말들이 이 글에서 가장 중요한 핵심어입니다.

문제 개수 5 개

맞은 개수 [　] 개

틀린 개수 [　] 개

철새	갯벌	가시연꽃	소금쟁이	우포늪

70

♥ 다음 보기 를 이용해서 ❷번과 ❸번 문제를 풀어 보세요.

보기
① 청둥오리   ② 왜가리
③ 가시연꽃   ④ 물억새

다음은 위 글의 내용을 한눈에 볼 수 있도록 정리한 표입니다. 빈칸에 들어갈 내용을 보기 에서 찾은 다음, 번호와 내용을 모두 쓰세요.

❷
글의 짜임
그리기

문제 개수 3 개

맞은
개수   개

틀린
개수   개

우포늪의 사계절

[부산한 봄] 겨울 철새인 큰기러기, ㉮   가 시베리아로 떠날 준비를 한다. 내버들과 마름이 기지개를 켠다.

⇨

[소란한 여름] 여름 철새인 ㉯   와 중대백로가 새끼를 보살핀다. 가시연꽃이 피고 물방개가 다닌다.

[조용한 겨울] 겨울 철새만 깨어 있고, 우포늪의 모든 생물들이 겨울잠을 잔다.

⬅

[서걱대는 가을] ㉰   와 갈대밭이 자란다.

⬅

❸
요약
하기

다음은 위 글을 간추린 것입니다. 빈칸에 들어갈 내용을 보기 에서 찾은 다음, 번호와 내용을 모두 쓰세요.

문제 개수 1 개

맞은
개수   개

틀린
개수   개

　　우포늪은 오랜 세월 동안 자연에게 소중한 곳이 되었습니다. 봄이면 우포늪은 부산해집니다. 겨울 철새인 큰기러기와 청둥오리가 시베리아로 떠날 준비를 하고, 물에선 내버들과 마름이 초록빛을 내뿜기 시작합니다. 우포늪에 여름이 오면 왜가리와 중대백로가 새끼들을 보살피느라 소란스럽습니다. 물에서는 ㉮   이 피고 물방개가 놉니다. 가을이 되면, 우포늪은 겨울 철새들을 맞을 준비를 합니다. 물억새와 갈대밭의 서걱대는 소리로 가을이 깊어집니다. 잠이 든 우포늪의 겨울은 조용합니다. 먹이를 찾는 겨울 철새의 울음만이 들립니다.

다음은 위 글의 제목 후보입니다. 먼저, 위 글의 제목으로 가장 알맞은 것을 골라 빈 칸에 ○를 하세요. 그런 다음, 주어진 조건에 맞게 ×, △, □를 표시하세요. (단, ○는 딱 한 개만 고르세요.)

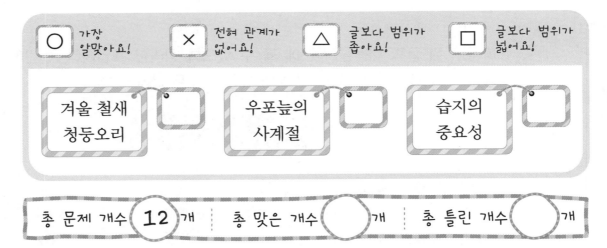

○ 가장 알맞아요!   × 전혀 관계가 없어요!   △ 글보다 범위가 좁아요!   □ 글보다 범위가 넓어요!

겨울 철새 청둥오리

우포늪의 사계절

습지의 중요성

총 문제 개수 12 개 | 총 맞은 개수 ○ 개 | 총 틀린 개수 ○ 개

상식 쑥쑥 키우는 72

전화기 이야기

글을 읽고 나서 오늘 공부를 신나게 시작하자고!

우리나라에서는 1896년에 최초로 궁내부에 전화가 설치되었어요. 일본 식민지 시절까지 전화기는 일제 행정용과 일부 특권층의 사치품으로만 사용되었어요. 1980년대에 전화가 전자식으로 바뀌기 전까지는 일반 서민들은 꿈도 못 꿀 정도로 전화기 가격이 비쌌어요. 전화기는 재산 중에 최고 재산이었죠.

1978년에는 전화 한 대 가격이 무려 260만 원까지 올랐는데, 당시 서울 시내 50평 집값이 230만 원이었답니다. 그러다 1986년에 디지털식 전자교환 기술이 개발되면서 서민의 통신수단으로 자리 잡았어요. 예전에는 전화국으로 전화를 신청해 놓고 전화교환수가 전화를 연결해 줄 때까지 기다려서 통화를 하기도 했어요.

지금은 유선·무선전화, 인터넷 전화까지 나왔고 음성 뿐 아니라 화상으로도 통화가 가능한 시대가 되었어요.

머리 풀어주는  퍼즐

창의사고력 기초 다지기 주의집중력 쑥~

보기 의 그림이 알맞게 들어갈 곳을 찾아 보세요.

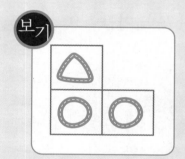

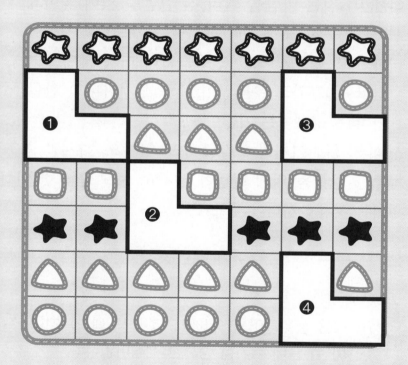

번

도전시간

| 6 분 | 30 초 |

걸린시간

| 분 | 초 |

오늘의 읽기 자료입니다. 잘 읽고 문제를 풀어 보세요.

선생님 : '얼짱, 무플'은 새로운 인터넷 언어랍니다. 인터넷 언어는 우리에게 어떤 영향을 미칠까요?

김예나 : 말하고 글을 쓰는 버릇이 나빠져요. '감사'라는 말도 'ㄱㅅ'으로 쓰거든요. 자꾸만 줄임말을 쓴다면 원래 우리말이 사라질 거예요. 그리고 아는 사람끼리만 뜻이 통해요. 엄마한테 "지못미"라고 말하면 못 알아들어요.

이현빈 : 저는 마음을 빨리 전달할 수 있어 좋아요. "지켜 주지 못해 미안해" 하는 것보다 "지못미" 하면 더 빠르잖아요. 친구들끼리 더 친하게 느껴지고요. 그리고 우리말이 새로 생겨나니까 한글이 더 풍성해지는 거잖아요.

선생님 : 현빈이처럼 생각할 수도 있어요. 하지만 소중한 한글을 위해 한번쯤 생각해 보고 인터넷 언어를 사용합시다.

① 핵심어 찾기

다음 낱말들이 위 글에서 몇 번씩 나왔는지 개수를 세어 보세요. 많이 나온 낱말이 위 글에서 가장 중요한 핵심어입니다.

문제 개수 2 개

맞은 개수 ◯ 개
틀린 개수 ◯ 개

인터넷 언어	얼짱

♥ 다음 보기 를 이용해서 ❷번과 ❸번 문제를 풀어 보세요.

보기　① 찬성　　　　　　　② 말하고 글을 쓰는 버릇
　　　③ 반대　　　　　　　④ 더 친하게 느껴진다.

❷ 글의 짜임 그리기

다음은 위 글의 내용을 한눈에 볼 수 있도록 정리한 표입니다. 빈칸에 들어갈 내용을 보기 에서 찾은 다음, 번호와 내용을 모두 쓰세요.

문제 개수 3 개

맞은 개수 ⬭ 개
틀린 개수 ⬭ 개

	김예나	이현빈
인터넷 언어에 대한 입장	㉮ 한다.	찬성한다.
그렇게 생각한 이유	1. ㉯ 이 나빠진다. 2. 뜻을 아는 사람끼리만 이해할 수 있다. 3. 원래의 우리말이 사라질 것이다.	1. 마음을 빨리 전달할 수 있다. 2. 친구들끼리 ㉰ 3. 우리말이 새로 생겨나 한글이 더 풍성해지는 거다.

❸ 요약하기

다음은 위 글을 간추린 것입니다. 빈칸에 들어갈 내용을 보기 에서 찾은 다음, 번호와 내용을 모두 쓰세요.

문제 개수 1 개

맞은 개수 ⬭ 개
틀린 개수 ⬭ 개

　　새로 생겨나는 인터넷 언어에 대해 찬성과 반대 입장이 있습니다. 찬성하는 사람들은 마음을 빨리 전달할 수 있고, 친구들끼리 더 친하게 느낄 수 있다고 생각합니다. 그리고 새로운 인터넷 언어가 한글을 더 풍성하게 만든다고 여깁니다. 한편, ㉮ 하는 사람들은 말하고 글을 쓰는 버릇이 나빠질까 걱정합니다. 줄임말을 자꾸 쓰다 보면 원래의 우리말이 사라지고, 뜻을 아는 사람들끼리만 통하게 될 테니까요.

다음은 위 글에 가장 어울리는 제목을 찾는 과정입니다. 서로 관계 있는 것끼리 줄로 이으세요.

인터넷 언어가 좋은 점 ★   ★ 이 글의 제목으로 딱 좋아!

인터넷 언어의 사용 ★   ★ 범위가 너무 좁아!

새로 생긴 말의 뜻 ★   ★ 이 글과 상관없는 제목이야!

총 문제 개수 ⟨ 9 ⟩ 개 | 총 맞은 개수 ◯ 개 | 총 틀린 개수 ◯ 개

글을 읽고 나서
오늘 공부를
신나게 시작하자고!

마음에 힘이 되는 이슈

변소에
사는 변소각시

　　화장실 문을 열기 전에 '똑똑' 두드리는 것은 누구나 아는 에티켓이랍니다. 그런데 옛날 우리 조상들도 이런 화장실 에티켓이 있었답니다. 우리 조상들은 화장실을 '변소'라고 불렀어요. 변소 문을 열기 전에 헛기침을 해서 밖에 사람이 있음을 미리 알렸지요. 그런데 이런 조상들의 변소 에티켓은 사람을 위한 것이 아니라, 변소각시를 위한 것이었답니다.

　　조상들은 변소에도 신이 있었다고 믿었습니다. 변소에서 사는 신이 바로 '변소각시'랍니다. 변소각시가 화가 나면 웬만해서는 화를 풀지 않았기 때문에, 성이 난 변소각시가 사람들에게 해코지를 할까봐 걱정을 했답니다. 그래서 조상들은 변소에 신발을 빠뜨리거나 사람이 빠지면, 화난 변소각시를 달래기 위해 제사를 지내기도 했답니다. 더럽게만 느껴지는 변소에도 신이 살고 있다니, 재미있지 않나요?

　　여러분도 재미있는 상상력을 키워 보세요. 정말 재미있는 마음속 친구가 생길 수 있답니다.

머리 풀어주는

창의사고력 기초 다지기 연상추리력 쑥~

거울에 비친 '다' 는 어떤 모습일지 찾아 보세요.

① 아

② 어ㄱ

③ 어ㄷ

④ 다

번

도전시간

| 6 분 | 30 초 |

걸린시간

| 분 | 초 |

● 오늘의 읽기 자료입니다. 잘 읽고 문제를 풀어 보세요.

우리글 한글의 원래 이름은 '한글'이 아니었답니다. 세종대왕은 1443년 처음 우리글을 만들고는 '훈민정음'이라고 이름을 지었어요. 훈민정음(訓 : 가르칠 훈, 民 : 백성 민, 正 : 바를 정, 音 : 소리 음) 즉, '백성을 가르치는 바른 소리'라는 뜻이지요.

소중한 우리글을 '언문'이라고 업신여긴 사람들도 있었어요. 그들은 중국의 한자는 양반 글이고 한글은 천한 백성의 글이라고 생각했지요. 그래서 '상스러운 글'이란 뜻으로 '언문'이라 낮춰 불렀답니다.

지금 우리가 부르는 '한글'이란 이름은 1910년대 초에야 생겨났어요. '크다', '바르다', '하나'를 뜻하는 순수한 우리말 '한'에서 비롯된 것으로, 국어학자인 주시경이 지었답니다. 세상 모든 글 가운데 '가장 좋고 바른 하나뿐인 글'이란 의미가 담겨 있습니다.

①
핵심어
찾기

다음 낱말 중에 위 글에 나온 낱말이 있으면 빈칸에 동그라미 하세요. 동그라미한 낱말들이 위 글에서 가장 중요한 핵심어입니다.

문제 개수 **5** 개

맞은
개수 　 개

틀린
개수 　 개

한글	훈민정음	표준어	언문	사투리

♥ 다음 보기 를 이용해서 ❷번과 ❸번 문제를 풀어 보세요.

보기
① 백성을 가르치는 바른 소리   ② 일부 양반들
③ 가장 좋고 바른 하나뿐인 글   ④ 훈민정음

❷ 글의 짜임 그리기

다음은 위 글의 내용을 한눈에 볼 수 있도록 정리한 표입니다. 빈칸에 들어갈 내용을 보기 에서 찾은 다음, 번호와 내용을 모두 쓰세요.

문제 개수 3 개

맞은 개수   개

틀린 개수   개

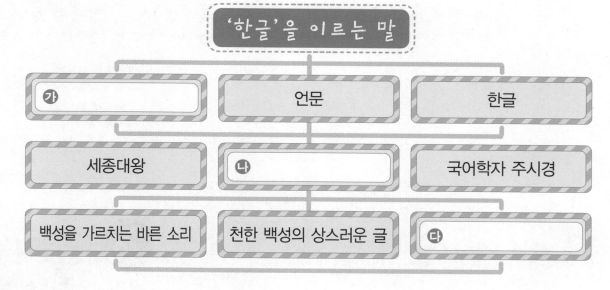

'한글'을 이르는 말

| 가 | 언문 | 한글 |

| 세종대왕 | 나 | 국어학자 주시경 |

| 백성을 가르치는 바른 소리 | 천한 백성의 상스러운 글 | 다 |

❸ 요약 하기

다음은 위 글을 간추린 것입니다. 빈칸에 들어갈 내용을 보기 에서 찾은 다음, 번호와 내용을 모두 쓰세요.

문제 개수 1 개

맞은 개수   개

틀린 개수   개

우리글을 이르는 말에는 여러 가지가 있답니다. 우선, 세종대왕이 우리글을 만들었을 때 지은 '훈민정음'이 있습니다. 훈민정음은 '　가　

　　　　　　　　'라는 뜻입니다. 하지만, 일부 양반들은 우리글을 '언문'이라 부르며 업신여겼습니다. 천한 백성의 '상스러운 글'이라며 말이에요. 지금 우리가 부르는 '한글'은 1910년대 초 국어학자 주시경이 지었어요. '하나'를 뜻하는 순수한 우리말 '한'에서 비롯된 것으로, '가장 좋고 바른 하나뿐인 글'이란 의미랍니다.

다음은 위 글에 가장 어울리는 제목을 지어 보는 과정입니다. 보기 에 주어진 낱말을 이용해서 제목을 달아 보세요.

보기   이름들   또   다른   한글의

총 문제 개수 ⑩ 개 ┊ 총 맞은 개수 ◯ 개 ┊ 총 틀린 개수 ◯ 개

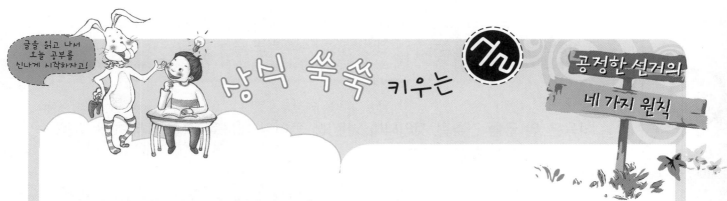

상식 쑥쑥 키우는 7교

공정한 선거의 네 가지 원칙

글을 읽고 나서 오늘 공부를 신나게 시작하자고!

우리나라에는 공정한 선거를 위한 네 가지 원칙이 있답니다.

첫째, 사회적 신분, 재산, 성별, 교육 정도, 신앙에 따른 구별 없이 일정한 연령이 된 성년에게 선거권이 있어요. 이를 보통선거라 하죠.

둘째, 모든 국민에게 1표씩 선거권을 줍니다. 부자라고 또는 교육을 많이 받았다고 2표를 주지는 않아요. 이를 평등선거라고 해요.

셋째, 국민이 대표자를 직접 선출합니다. 이를 직접선거라고 해요.

넷째, 누구에게 투표하였는지 자기 말고는 아무도 몰라요. 이래야 국민들이 마음 놓고 자기가 원하는 사람에게 투표할 수 있어요. 이를 비밀선거라고 해요.

머리 풀어주는 퍼즐

창의사고력 기초 다지기 판단능력 쑥~

6보다 큰 수에 동그라미 해 보세요.

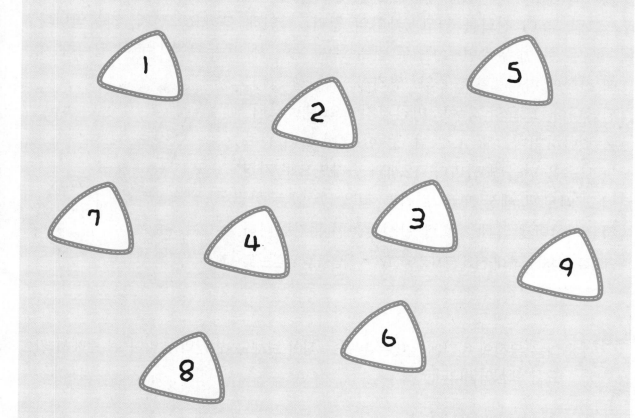

● 오늘의 읽기 자료입니다. 잘 읽고 문제를 풀어 보세요.

만약, 세계 엄지족* 대회가 열린다면 무조건 우리나라가 우승을 할 거에요. 왜냐하면 한글이 지닌 독특한 원리인 '가획의 원리' 때문이지요. '가획의 원리'란 'ㄱ ㄴ ㅁ ㅅ ㅇ'의 다섯 글자를 바탕으로 하여 한두 획을 더해 나머지 자음을 만드는 것을 말한답니다. 그 덕분에 휴대 전화의 숫자판 12개만으로 자음과 모음 24자를 완벽하게 만들 수 있는 거랍니다.

그럼, 휴대 전화를 열고 '가획의 원리' 확인해 볼까요? 먼저, 자음입니다. 'ㄱ'을 한 번 누르면 'ㄱ', 두 번 누르면 'ㅋ', 세 번 누르면 'ㄲ'이 됩니다. 휴대 전화에 따라 '획추가'와 '쌍자음' 기능을 눌러도 된답니다. 모음의 경우도 마찬가지에요. 'ㆍ ㅡ ㅣ'을 조합하거나, 'ㅏ ㅗ ㅡ ㅣ'을 한두 번 눌러 원하는 모음을 만들면 됩니다. 12개의 숫자판으로 가장 쉽고 빠르게 세상 모든 소리를 적을 수 있는 한글. 한글이야말로 휴대 전화에 안성맞춤인 문자랍니다.

엄지족 : 엄지로 휴대 전화 문자를 주고받는 사람들을 일컫는 말

❶ 핵심어 찾기

다음 문장의 빈칸에 알맞은 낱말을 적어 보세요. 빈칸의 낱말이 위 글에서 가장 중요한 핵심어입니다.

문제 개수 1 개

맞은 개수 ◯ 개

틀린 개수 ◯ 개

| | 란 'ㄱ ㄴ ㅁ ㅅ ㅇ'의 다섯 글자를 바탕으로 하여 한두

획을 더해 나머지 자음을 만드는 한글의 원리를 말한답니다.

♥ 다음 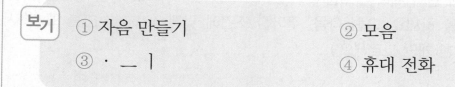를 이용해서 ❷번과 ❸번 문제를 풀어 보세요.

보기
① 자음 만들기　　　　② 모음
③ · ㅡ ㅣ　　　　　④ 휴대 전화

다음은 위 글의 내용을 한눈에 볼 수 있도록 정리한 표입니다. 빈칸에 들어갈 내용을 보기에서 찾은 다음, 번호와 내용을 모두 쓰세요.

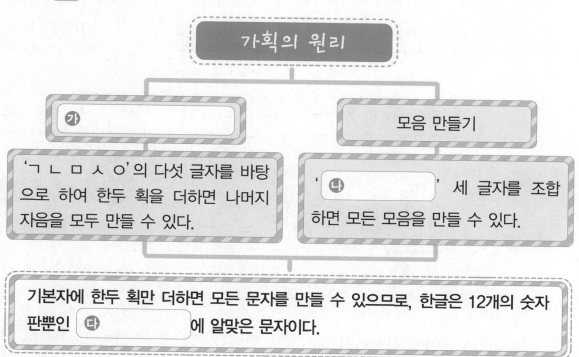

가획의 원리

⑦

'ㄱ ㄴ ㅁ ㅅ ㅇ'의 다섯 글자를 바탕으로 하여 한두 획을 더하면 나머지 자음을 모두 만들 수 있다.

모음 만들기

' ⑭ ' 세 글자를 조합하면 모든 모음을 만들 수 있다.

기본자에 한두 획만 더하면 모든 문자를 만들 수 있으므로, 한글은 12개의 숫자판뿐인 ⑮ 에 알맞은 문자이다.

다음은 위 글을 간추린 것입니다. 빈칸에 들어갈 내용을 보기에서 찾은 다음, 번호와 내용을 모두 쓰세요.

　　한글에는 독특한 원리가 숨어 있습니다. 'ㄱ ㄴ ㅁ ㅅ ㅇ'의 다섯 글자를 바탕으로 하여 한두 획을 더해 나머지 자음을 만드는 '가획의 원리'입니다. ⑦ 의 경우도 '· ㅡ ㅣ' 세 글자를 이용해서 나머지 모음을 만들 수 있답니다. 기본자에 한두 획만 더하면 모든 문자를 만들 수 있는 한글. 12개의 숫자판뿐인 휴대 전화에 알맞은 문자랍니다.

다음은 위 글의 제목 후보입니다. 먼저, 위 글의 제목으로 가장 알맞은 것을 골라 빈 칸에 ○를 하세요. 그런 다음, 주어진 조건에 맞게 ×, △, □를 표시하세요. (단, ○는 딱 한 개만 고르세요.)

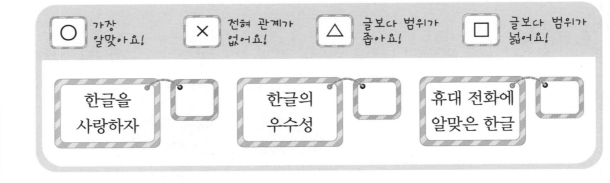

| ○ 가장 알맞아요! | × 전혀 관계가 없어요! | △ 글보다 범위가 좁아요! | □ 글보다 범위가 넓어요! |

한글을 사랑하자 ⬚

한글의 우수성 ⬚

휴대 전화에 알맞은 한글 ⬚

총 문제 개수 ⑧ 개 ┊ 총 맞은 개수 ◯ 개 ┊ 총 틀린 개수 ◯ 개

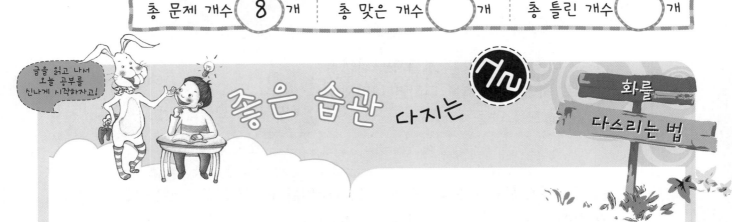

좋은 습관 다지는

글을 읽고 나서 오늘 공부를 신나게 시작하자고!

화를 다스리는 법

주승이는 종이 울리자마자 급식실로 뛰어가 제일 앞에 섰어요. 까불이 세호가 주승이 뒤에 섰어요. 편식쟁이 세호는 밥과 반찬을 조금만 받고 국은 아예 받지도 않았어요. 주승이 식판에는 세호 밥의 몇 배가 되는 음식이 쌓여 있었지요.

알랑알랑 까불이 세호가 "그러니까 얼굴이 그렇게 넓어지지, 그거 먹어서 그 배가 차겠나? 돼지야."라고 말했어요. 주승이는 울컥 성질이 나 자기도 모르게 식판을 딱 쳤고 그 바람에 국이 엎질러졌어요. 국물은 주승이 바지에 다 쏟아졌고 건더기는 세호 얼굴까지 튀었어요. 주승이는 급식실에서 손을 들고 서 있어야 했고 점심시간은 엉망이 돼 버렸어요.

주승이는 울컥 하는 성미 때문에 늘 손해를 봐요. 주승이 엄마는 늘 "울컥 하면 일단 1부터 10까지 세고 나서 말해."라고 하셔요. 오늘도 10까지 세었더라면 이런 일은 없었을 텐데 말이지요.

창의사고력 기초 다지기 정보처리능력 쑥~

네 그림을 합치면 어떤 그림이 될지 생각해 보세요.

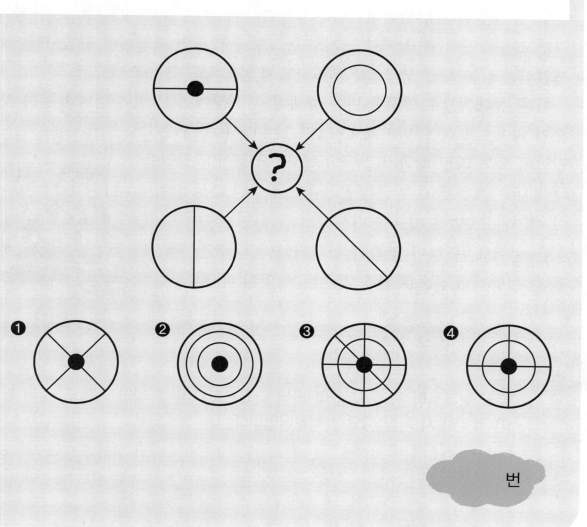

번

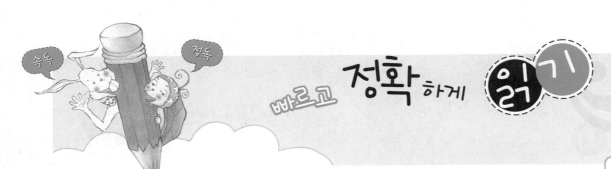

도전시간

| 6 | 분 | 30 | 초 |

걸린시간

| 분 | 초 |

● 오늘의 읽기 자료입니다. 잘 읽고 문제를 풀어 보세요.

안녕하세요? 보글보글 요리사입니다. 오늘은 동짓날이에요. 우리 조상들은 동짓날 꼭 팥죽을 먹었어요. 팥의 붉은색이 귀신을 쫓아 준다고 여겼거든요. 그럼, 지금부터 동지 팥죽을 만들어 볼까요?

먼저, 새알심을 만들어야 해요. 찹쌀가루에 끓는 물을 넣고 잘 반죽하세요. 그리고는 입안에 쏙 들어갈 크기로 동그랗게 빚으면 새알심이 된답니다. 만든 새알심은 끓는 물에 살짝 삶은 후, 찬물에 얼른 헹구어 놓으세요.

이젠, 본격적으로 팥죽을 만들 차례예요. 깨끗이 씻은 팥에 넉넉히 물을 붓고 끓인 다음, 그 물을 버리세요. 그리고는 다시 물을 붓고 팥알이 톡톡 터질 때까지 삶아야 해요. 잘 삶아진 팥알을 체에 내려 으깨세요. 껍질은 골라내고 팥물만 따로 받아야 하거든요. 받은 팥물을 다시 한소끔 끓인 후, 새알심을 넣어요. 드디어 팥죽이 완성되었네요. 잠깐! 먹을 때 설탕과 소금으로 간을 맞추는 거 잊지 마세요.

1 핵심어 찾기

다음 낱말들이 위 글에서 몇 번씩 나왔는지 개수를 세어 보세요. 많이 나온 낱말이 위 글에서 가장 중요한 핵심어입니다.

문제 개수 **2** 개

맞은 개수 [ ] 개

틀린 개수 [ ] 개

팥죽	설탕

♥ 다음 를 이용해서 ❷번과 ❸번 문제를 풀어 보세요.

보기
① 팥알 　　　　　　　　② 간을 맞추어
③ 새알심 　　　　　　　④ 한소끔 끓인다.

❷
글의 짜임
그리기

문제 개수 3 개

맞은
개수 ◯◯ 개

틀린
개수 ◯◯ 개

다음은 위 글의 내용을 한눈에 볼 수 있도록 정리한 표입니다. 빈칸에 들어갈 내용을 보기에서 찾은 다음, 번호와 내용을 모두 쓰세요.

동지 팥죽 만들기

찹쌀가루를 끓는 물에 반죽해서 알맞게 빚어 가 을 만든다.	팥을 깨끗이 씻은 후, 물을 넉넉히 붓고 끓이다가 그 물을 버린다.

다시 물을 붓고 나 이 톡톡 터질 때까지 삶는다.

팥죽이 완성되면, 새알심을 넣고 소금과 설탕으로 간을 맞추어 먹는다.

잘 삶아진 팥알을 체에 내려 으깬 후, 팥물만 따로 받아 다

❸
요약
하기

문제 개수 1 개

맞은
개수 ◯◯ 개

틀린
개수 ◯◯ 개

다음은 위 글을 간추린 것입니다. 빈칸에 들어갈 내용을 보기에서 찾은 다음, 번호와 내용을 모두 쓰세요.

　　동지 팥죽을 만들려면, 먼저 새알심을 만들어야 합니다. 찹쌀가루를 끓는 물에 반죽한 후, 알맞게 빚으면 새알심이 된답니다.
　　이제부터는 팥죽을 만들어 볼까요? 팥을 깨끗하게 씻은 후, 물을 넉넉히 붓고 끓이다가 그 물을 버립니다. 다시 물을 붓고 팥알이 톡톡 터질 때까지 삶습니다. 잘 삶아진 팥알을 체에 내려 으깬 후, 팥물만 따라 받아 한소끔 끓입니다. 드디어 팥죽이 완성되었어요. 새알심을 넣고 소금과 설탕으로 가 먹으면 된답니다.

다음은 위 글에 가장 어울리는 제목을 찾는 과정입니다. 서로 관계 있는 것끼리 줄로 이으세요.

동짓날의 풍습 ★   ★ 이 글의 제목으로 딱 좋아!

동지 팥죽 만들기 ★   ★ 범위가 너무 넓어!

동지 팥죽의 유래 ★   ★ 이 글과 상관없는 제목이야!

총 문제 개수 9 개 | 총 맞은 개수 ◯ 개 | 총 틀린 개수 ◯ 개

생각하고 되새기는

72

날로 먹는 것도 필요해요.

글을 읽고 나서 오늘 공부를 신나게 시작하자고!

우리는 음식을 익혀 먹는 것을 당연하다고 생각합니다. 그런데 건강에 대한 관심이 높아지면서 날로 먹는 음식도 좋다고 합니다. 날로 먹으면 소화가 지연되면서 소화 분해물이 늦게 만들어지고, 음식물이 위 속에 머무는 시간이 길어져요. 배부른 느낌이 오래 가서 자연스럽게 소식을 하게 된답니다. 게다가 식이섬유를 많이 먹게 돼 변비를 예방할 수 있대요.

반면 음식을 익혀 먹으면 몸에 필요한 비타민, 무기질, 효소가 파괴되고, 이는 호르몬 분비에 영향을 주어 면역력이 약해진대요.

실제로 프란시스 포텐저 박사는 10년에 걸쳐 고양이 900마리를 대상으로 실험했어요. 날 음식을 먹은 고양이는 세대를 지날수록 건강한 새끼를 출산한 반면 조리된 음식을 먹은 고양이는 폐렴, 중풍, 치아결손, 설사, 과민반응 등의 현대병을 앓게 되었대요.

싱싱한 야채나 생선회처럼 날로 먹는 음식, 맛이 없다고 무시하면 안 된답니다.

20회 머리 풀어주는 퍼즐

도전 시간 **00**분 **20**초

걸린 시간 분 초

창의사고력 기초 다지기 계산능력 쑥~

1점, 2점, 3점으로 나누어진 과녁에 세 발씩 쏘았습니다. 점수가 가장 높은 과녁은 무엇일까요?

❶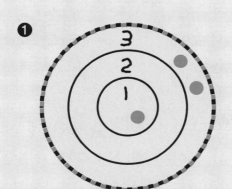

❷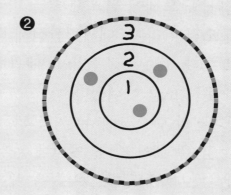

❸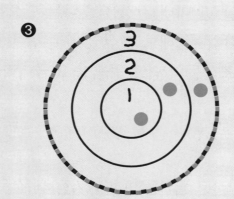

번

도전시간
| 7 분 | 20 초 |

걸린시간
| 분 | 초 |

● 오늘의 읽기 자료입니다. 잘 읽고 문제를 풀어 보세요.

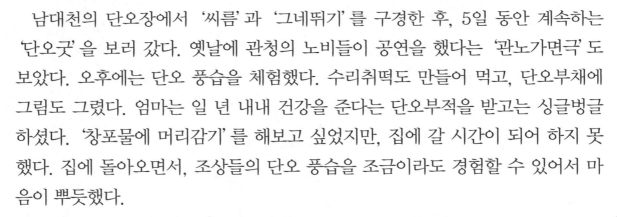

　지난 토요일은 음력 5월 5일 단오날이었다. 우리 가족은 우리나라의 명절 축제이면서 유네스코의 세계무형문화유산으로 선정된 '강릉 단오제'에 다녀왔다.

　음력 4월에 하는 '신주빚기'가 강릉단오제의 시작이다. 단오제에 필요한 술을 미리 만들어, 마을에 복이 오길 바라며 '대관령산신제'와 '성황제'를 지낸다고 한다. 나는 '신주빚기, 대관령산신제, 성황제'를 보지 못해 조금 아쉬웠다.

　남대천의 단오장에서 '씨름'과 '그네뛰기'를 구경한 후, 5일 동안 계속하는 '단오굿'을 보러 갔다. 옛날에 관청의 노비들이 공연을 했다는 '관노가면극'도 보았다. 오후에는 단오 풍습을 체험했다. 수리취떡도 만들어 먹고, 단오부채에 그림도 그렸다. 엄마는 일 년 내내 건강을 준다는 단오부적을 받고는 싱글벙글하셨다. '창포물에 머리감기'를 해보고 싶었지만, 집에 갈 시간이 되어 하지 못했다. 집에 돌아오면서, 조상들의 단오 풍습을 조금이라도 경험할 수 있어서 마음이 뿌듯했다.

①
핵심어
찾기

다음은 위 글과 관련된 낱말들입니다. 가장 넓은 뜻을 지닌 단어를 찾아 ✔해보세요. 표시한 낱말이 위 글에서 가장 중요한 핵심어입니다.

문제 개수 **1** 개

맞은
개수 　　개

틀린
개수 　　개

| ☐ 신주빚기 | ☐ 수리취떡 | ☐ 강릉 단오제 |

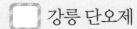

♥ 다음 보기 를 이용해서 ❷번과 ❸번 문제를 풀어 보세요.

보기 ① 수리취떡　　　　　　② 음력 5월 5일 단오날
　　　③ 씨름과 그네뛰기　　　④ 세계무형문화유산

❷
글의 짜임
그리기

문제 개수 3 개

맞은
개수 　개

틀린
개수 　개

다음은 위 글의 내용을 한눈에 볼 수 있도록 정리한 표입니다. 빈칸에 들어갈 내용을 보기 에서 찾은 다음, 번호와 내용을 모두 쓰세요.

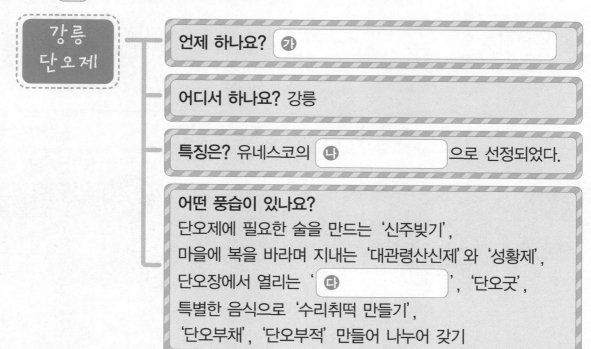

강릉
단오제

언제 하나요? ㉮

어디서 하나요? 강릉

특징은? 유네스코의 ㉯　　　　　　　　　으로 선정되었다.

어떤 풍습이 있나요?
단오제에 필요한 술을 만드는 '신주빚기',
마을에 복을 바라며 지내는 '대관령산신제'와 '성황제',
단오장에서 열리는 '㉰　　　　　', '단오굿',
특별한 음식으로 '수리취떡 만들기',
'단오부채', '단오부적' 만들어 나누어 갖기

❸
요약
하기

문제 개수 1 개

맞은
개수 　개

틀린
개수 　개

다음은 위 글을 간추린 것입니다. 빈칸에 들어갈 내용을 보기 에서 찾은 다음, 번호와 내용을 모두 쓰세요.

　　'강릉 단오제'는 음력 5월 5일 단오날 열리는 명절 축제이다. 유네스코의 세계무형문화유산으로 선정될 만큼 소중한 우리 문화이다. '강릉 단오제'의 풍습으로는 술을 빚는 '신주빚기', 마을에 복을 바라며 지내는 '대관령산신제'와 '성황제'가 있다. 사람들이 많이 모이는 단오장에서는 '씨름'과 '그네뛰기'를 하고, 5일 동안 '단오굿'도 한다. 특별한 음식으로는 '㉮　　　　　'을 만들어 먹고, '단오부채'와 '단오부적'을 만들어 이웃끼리 나누어 갖는다.

④ 제목 달기

문제 개수 3 개

맞은 개수 ⬜ 개

틀린 개수 ⬜ 개

다음은 위 글의 제목 후보입니다. 먼저, 위 글의 제목으로 가장 알맞은 것을 골라 빈 칸에 ○를 하세요. 그런 다음, 주어진 조건에 맞게 ×, △, □를 표시하세요. (단, ○는 딱 한 개만 고르세요.)

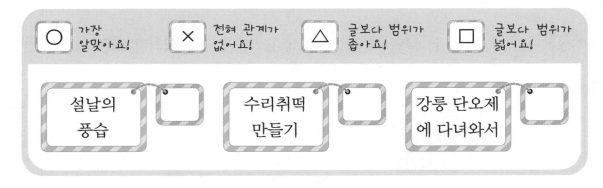

○ 가장 알맞아요!   × 전혀 관계가 없어요!   △ 글보다 범위가 좁아요!   □ 글보다 범위가 넓어요!

| 설날의 풍습 | ⬜ | 수리취떡 만들기 | ⬜ | 강릉 단오제에 다녀와서 | ⬜ |

총 문제 개수 **8** 개   총 맞은 개수 ◯ 개   총 틀린 개수 ◯ 개

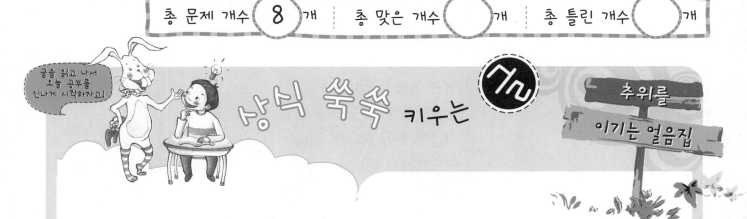

글을 읽고 나서 오늘 공부를 신나게 시작하자고!

상식 쑥쑥 키우는

추위를 이기는 얼음집

이글루는 에스키모들이 겨울에 짓고 사는 얼음집이에요. 공을 반으로 쪼개 놓은 것 같이 생긴 이글루는 얼음 벽돌을 쌓아서 만들어요. 가로 120cm, 세로 60cm, 높이 20cm 정도의 커다란 얼음 벽돌로 지름이 5m쯤 되게 둥그렇게 둘러 놓아요. 그리고 위쪽 표면을 약간 안쪽으로 기울어지게 깎아서 다음 단을 올릴 때는 안으로 기울게 하지요. 이렇게 점점 쌓다가 환기구만 남기면 완전히 돔 모양이 돼요.

벽돌 표면에 물을 부으면 다시 꽁꽁 얼어붙어 완전히 바람을 막을 수 있대요. 바깥이 영하 40도가 되어도 이글루 안쪽은 25도 정도라니 놀랍지요? 문은 반원형으로 뚫고 복도처럼 길게 통로를 만들어요. 바람이 이글루 안으로 들어오지 않게 입구에는 물개 가죽을 드리우고 입구 가까이에 낮은 옹벽을 만들기도 해요. 한 가족이 살 만한 이글루를 만드는 데 1~2시간쯤 걸려요. 그 추운 곳에서 이글루 안에 있으면 따뜻하다니 참 신기하죠?

머리 풀어주는 퍼즐

창의사고력 기초 다지기) 주의집중력 쑥~

같은 줄에 같은 도형이 그려진 피라미드가 있습니다.
보기 의 그림이 들어갈 곳은 어디일지 찾아 보세요.

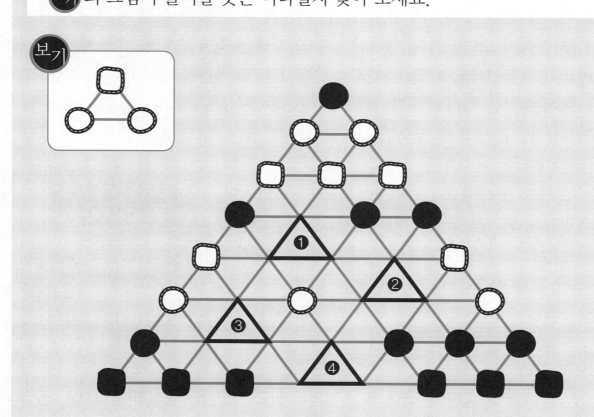

번

도전시간

| 6 분 | 20 초 |

걸린시간

| 분 | 초 |

● 오늘의 읽기 자료입니다. 잘 읽고 문제를 풀어 보세요.

　8월 마지막 주 수요일, 스페인의 작은 마을 뷰놀에 가게 되면 토마토를 조심하세요. 낮 12시를 알리는 대포 소리와 함께, 갑자기 날아온 토마토에 맞을지도 모르니까요.

　토마토를 던지고 맞으며 맘껏 즐기는 '토마토 축제'를 위해 세계 곳곳에서 많은 사람들이 모인답니다. 딱 1시간 동안 열리는 축제를 위해, 3만 개가 넘는 토마토가 사용된다고 하네요. 거리가 온통 토마토 바다로 변하고, 사람들은 그 바다에서 수영을 하기도 한답니다. 하지만 축제의 끝을 알리는 대포 소리가 울리면, 사람들은 어느새 청소부로 변한답니다. 몇 시간 만에 깨끗한 거리 모습을 되찾게 되는 거지요.

　너무 떨어진 토마토 값 때문에 화가 난 시민들이 시의원에게 토마토를 던져서 시작되었다는 '토마토 축제'. 잠깐! 스페인의 뷰놀에 가실 때엔 물안경과 낡은 옷을 잊지 마세요.

①
핵심어 찾기

다음 낱말 중에 위 글에 나온 낱말이 있으면 빈칸에 동그라미 하세요. 동그라미 한 낱말들이 위 글에서 가장 중요한 핵심어입니다.

문제 개수 5개

맞은 개수 ◯ 개

틀린 개수 ◯ 개

스페인	토마토	전쟁	축제	참외

♥ 다음 보기 를 이용해서 ❷번과 ❸번 문제를 풀어 보세요.

❷ 글의 짜임
그리기

다음은 위 글의 내용을 한눈에 볼 수 있도록 정리한 표입니다. 빈칸에 들어갈 내용을 보기 에서 찾은 다음, 번호와 내용을 모두 쓰세요.

문제 개수 3 개

맞은 개수 　　　 개

틀린 개수 　　　 개

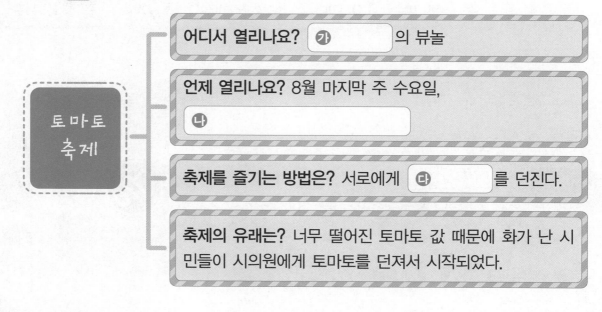

토마토 축제

어디서 열리나요? ㉮ _____ 의 뷰놀

언제 열리나요? 8월 마지막 주 수요일,
㉯ _____

축제를 즐기는 방법은? 서로에게 ㉰ _____ 를 던진다.

축제의 유래는? 너무 떨어진 토마토 값 때문에 화가 난 시민들이 시의원에게 토마토를 던져서 시작되었다.

❸ 요약
하기

다음은 위 글을 간추린 것입니다. 빈칸에 들어갈 내용을 보기 에서 찾은 다음, 번호와 내용을 모두 쓰세요.

문제 개수 1 개

맞은 개수 　　　 개

틀린 개수 　　　 개

　　스페인의 뷰놀에서는 해마다 8월 마지막 주 수요일이 되면 특별한 축제가 열립니다. 낮 12시를 알리는 대포 소리와 함께, 서로에게 토마토를 던지는 '토마토 축제' 랍니다. 너무 떨어진 토마토 값 때문에 ㉮ _____ 이, 시의원에게 토마토를 던져서 시작되었답니다. 딱 한 시간만 열리는 축제가 끝나면, 어느새 청소부가 된 사람들 덕분에 거리는 깨끗하게 변한답니다.

다음은 위 글에 가장 어울리는 제목을 지어 보는 과정입니다. 보기에 주어진 낱말을 이용해서 제목을 달아보세요.

보기	축제	토마토	스페인의

> 총 문제 개수 **10** 개 ┆ 총 맞은 개수 ◯ 개 ┆ 총 틀린 개수 ◯ 개

글을 읽고 나서 오늘 공부를 신나게 시작하자고!

마음에 힘이 되는 **7교시**

초콜릿과 데이 마케팅

  기업들에게 매월 14일은 특별한 날이랍니다. 더 많은 물건을 팔기 위한 특별한 이벤트가 준비되어 있기 때문이지요. 예를 들어, 더 많은 수첩을 팔기 위한 1월의 다이어리데이, 더 많은 초콜릿을 팔기 위한 2월의 발렌타인데이, 더 많은 사탕을 팔기 위한 3월의 화이트데이처럼 말이예요. 이처럼 특정한 날에 이벤트를 준비하여 물건의 판매를 높이는 것을 '데이 마케팅' 이라고 한답니다.
  우리나라에도 유명한 데이 마케팅이 있습니다. 바로 11월 11일 빼빼로데이랍니다. 한 제과회사에서 만든 날로, 우정과 사랑을 기념하기 위해 길쭉하게 생긴 초콜릿 과자를 선물하는 이벤트를 만든 것이지요. 이 날의 매출액이 일 년 총 매출액의 절반을 넘는다고 하니, 데이 마케팅의 힘이 굉장하지요? 11월 11일, 친구를 위해 초콜릿 과자를 사게 된다면 누굴 위한 기념품인지 한번쯤 생각해 보는 건 어떨까요?

22회

머리 풀어주는 퍼즐

도전 시간 00 분 15 초

걸린 시간 분 초

창의사고력 기초 다지기 연상추리력 쑥~

다음 그림을 거꾸로 뒤집으면 어떤 그림이 될지 알아맞혀 보세요.

❶

❷

❸

❹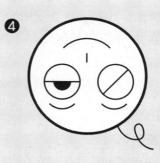

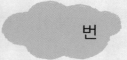 번

도전시간
6 분 30 초

걸린시간
분 초

● 오늘의 읽기 자료입니다. 잘 읽고 문제를 풀어 보세요.

조선시대의 백성들이 양반을 놀릴 수 있었다면 믿을 수 있겠어요? 당연히 아무 때나 그럴 수 있었던 건 아니에요. 탈춤*에서만 가능했는데, 특히 봉산탈춤은 놀림받는 양반으로 유명하답니다. 봉산탈춤에 등장하는 양반은 하는 일 없이 자기 자랑만 일삼는답니다. 그러다 심심하면 하인 말뚝이를 불러다 괜히 꾸짖지요. 말뚝이는 양반에게 굽신거리며 위하는 척하며 맘껏 비웃고 놀린답니다. 하지만 눈치 채지 못한 양반들은 춤을 추며 기뻐하지요.

말뚝이의 입담*이 재미난 봉산탈춤은 황해도 봉산 지방에서 추었답니다. 단오날, 나쁜 귀신을 물리치고 마을 사람들이 편안하게 지내길 바라는 마음에서 열렸어요. 하지만 백성들은 밤새 말뚝이가 되어 실컷 양반들을 놀리며 탈춤을 보았답니다.

탈춤 : 가면을 쓰고 음악에 맞춰 춤을 추고 연극을 하는 것
입담 : 말하는 솜씨

①
핵심어 찾기

다음 낱말들이 위 글에서 몇 번씩 나왔는지 개수를 세어 보세요. 많이 나온 낱말이 위 글에서 가장 중요한 핵심어입니다.

문제 개수 2 개

맞은 개수 ◯ 개

틀린 개수 ◯ 개

봉산탈춤

하인

♥ 다음 보기 를 이용해서 ❷번과 ❸번 문제를 풀어 보세요.

보기
① 비웃고 놀립니다.　　　　　② 황해도 봉산 지방
③ 양반　　　　　　　　　　④ 말뚝이

❷
글의 짜임
그리기

다음은 위 글의 내용을 한눈에 볼 수 있도록 정리한 표입니다. 빈칸에 들어갈 내용을 보기 에서 찾은 다음, 번호와 내용을 모두 쓰세요.

문제 개수 3 개

맞은
개수 　　　개

틀린
개수 　　　개

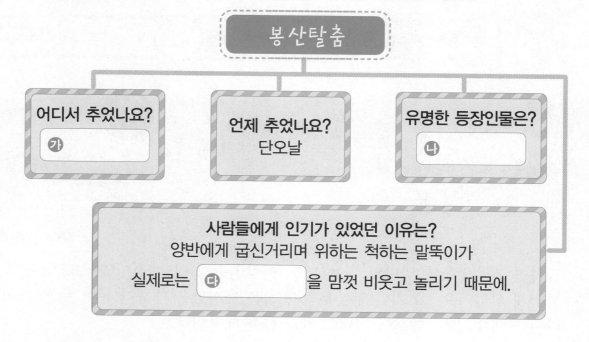

봉산탈춤

어디서 추었나요?
가

언제 추었나요?
단오날

유명한 등장인물은?
나

사람들에게 인기가 있었던 이유는?
양반에게 굽신거리며 위하는 척하는 말뚝이가
실제로는　다　　　　　　　을 맘껏 비웃고 놀리기 때문에.

❸
요약
하기

다음은 위 글을 간추린 것입니다. 빈칸에 들어갈 내용을 보기 에서 찾은 다음, 번호와 내용을 모두 쓰세요.

문제 개수 1 개

맞은
개수 　　　개

틀린
개수 　　　개

　　황해도 봉산 지방에서 추던 '봉산탈춤'은 양반들을 놀리던 것으로 유명합니다. 봉산탈춤에 등장하는 말뚝이는 겉으로는 양반에게 굽신거리며 위하는 척하지요. 하지만 실제로는 양반을 맘껏 　가　　　　　　　　　백성들은 밤새 말뚝이가 퍼붓는 입담에 속이 시원해졌답니다.

④ 제목
달기

다음은 위 글에 가장 어울리는 제목을 찾는 과정입니다. 서로 관계 있는 것끼리 줄로 이으세요.

양반을 놀리는 봉산탈춤 ★　　★ 이 글의 제목으로 딱 좋아!

말뚝이 탈 만들기 ★　　★ 범위가 너무 넓어!

백성들과 탈춤 ★　　★ 이 글과 상관없는 제목이야!

총 문제 개수 ⑨ 개 │ 총 맞은 개수 ◯ 개 │ 총 틀린 개수 ◯ 개

글을 읽고 나서 오늘 공부를 신나게 시작하자고!

상식 쑥쑥 키우는

환율의 변화가 미치는 영향

이번 겨울방학에 엄마와 나는 미국 어학연수를 갈 예정이었어요. 그런데 가지 못하게 되었어요. 올 겨울에는 우리가 처음 계획했을 때보다 돈이 두 배가 필요하다는 거예요. 물가 때문이 아니고 바로 환율 때문이래요.

엄마 말로 환율은 우리나라 돈과 다른 나라 돈을 바꾸는 비율이래요. 나라마다 다른 돈을 쓰니까 돈의 가치가 다르다고 해요. 그런데 우리나라 돈의 가치가 갑자기 뚝 떨어져 버렸다는 거예요. 작년에는 100만 원만 내면 비행기를 탈 수 있었는데, 올해는 150만 원을 내야 비행기를 탈 수 있대요. 미국에 가서 드는 돈도 마찬가지로 많이 들고요.

근데 내 짝 영식이는 아빠가 일본에 물건을 수출하는데 돈을 많이 번대요. 일본 돈인 엔화가 비싸졌기 때문이래요. 작년에 수출하여 100만 원을 받았는데, 올해는 150만 원을 받는대요. 나는 높은 환율 때문에 어학연수를 못가는데, 영식이는 신나서 떠들고 다녀요. 얄미워 죽겠어요.

도전 시간	걸린 시간
00 분 30 초	분 초

창의사고력 기초 다지기 판단능력 쓱~

다음 그림과 같은 부분을 찾아 동그라미 치고 몇 개인지 세어 보세요.

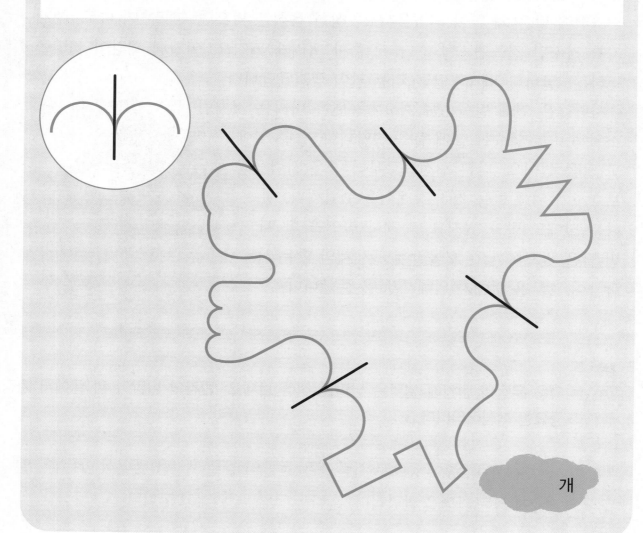

개

도전시간
6 분 30 초

걸린시간
분 초

오늘의 읽기 자료입니다. 잘 읽고 문제를 풀어 보세요.

중국의 탄구, 일본의 도깨비, 인도네시아의 마킬, 그리고 우리나라의 미얄할 미. 공통점이 무얼까요? 나무, 흙, 종이 등으로 사람 또는 동물의 얼굴 모양을 본떠서 만든 후, 얼굴에 쓰는 가면이랍니다. 흔히 탈이라고 하지요.

그런데 탈은 왜 탈이 되었을까요? 상한 음식을 먹으면 '배탈'이 나고, 생채기를 자꾸만 건들면 '탈이 나'서 곪아 버리게 되지요. 이처럼 재앙이나 병을 뜻하는 '탈나다'에서 '탈'이라는 말이 생겨났답니다.

사람들은 언제 탈을 썼을까요? 풍년을 바라는 것처럼 소원을 비는 엄숙한 날에 탈을 썼답니다. 슬픈 날에도 탈을 썼어요. 나쁜 귀신으로부터 죽은 사람을 보호하기 위해 탈을 씌워 장례식을 했답니다. 신나는 날에도 탈을 썼지요. 축제나 공연을 할 때면 탈을 썼으니까요. 오늘날에도 세계의 많은 사람들이 '탈'을 없애기 위해 '탈'을 쓴답니다.

① 핵심어 찾기

다음 문장의 빈칸에 알맞은 낱말을 적어 보세요. 빈칸의 낱말이 위 글에서 가장 중요한 핵심어입니다.

문제 개수 **1** 개

맞은 개수 　 개
틀린 개수 　 개

　　나무, 흙, 종이 등으로 사람 또는 동물의 얼굴 모양을 본떠서 만든 후, 얼굴에 쓰는 가면을 말합니다. 흔히 　　　　　 이라고 합니다.

♥ 다음 보기 를 이용해서 ❷번과 ❸번 문제를 풀어 보세요.

보기	① 소원	② 신나는 날
	③ 엄숙한 날	④ 탈나다

❷ 글의 짜임
그리기

문제 개수 3 개

맞은 개수 ◯ 개

틀린 개수 ◯ 개

다음은 위 글의 내용을 한눈에 볼 수 있도록 정리한 표입니다. 빈칸에 들어갈 내용을 보기 에서 찾은 다음, 번호와 내용을 모두 쓰세요.

탈	나무, 흙, 종이 등으로 사람 또는 동물의 얼굴 모양을 본떠서 만든 후, 얼굴에 쓰는 가면	
탈의 유래	재앙이나 병을 뜻하는 ⑦ _____ 에서 '탈' 이라는 말이 시작되었다고 함.	
탈을 쓰는 날	엄숙한 날	풍년을 바라는 등 ⑭ _____ 을 빌 때
	슬픈 날	죽은 사람의 장례를 치를 때
	⑮ _____	축제나 공연을 할 때

❸ 요약
하기

문제 개수 1 개

맞은 개수 ◯ 개

틀린 개수 ◯ 개

다음은 위 글을 간추린 것입니다. 빈칸에 들어갈 내용을 보기 에서 찾은 다음, 번호와 내용을 모두 쓰세요.

나무, 흙, 종이 등으로 사람 또는 동물의 얼굴 모양을 본떠서 만든 후, 얼굴에 쓰는 가면을 탈이라고 합니다. '탈' 이란 말은 재앙이나 병을 뜻하는 '탈나다' 에서 유래되었다고 합니다. 특별한 날이면 사람들은 탈을 썼습니다. 풍년 등을 바라며 소원을 비는 ⑦ _____ , 죽은 이의 장례를 치르는 슬픈 날, 축제나 공연을 벌이는 신나는 날에 탈을 썼습니다.

다음은 위 글에 가장 어울리는 제목을 찾는 과정입니다. 서로 관계 있는 것끼리 줄로 이으세요.

탈의 유래와 쓰임새 ★   ★ 이 글의 제목으로 딱 좋아!

탈을 쓰는 날 ★   ★ 범위가 너무 좁아!

미얄할미탈의 생김새 ★   ★ 이 글과 상관없는 제목이야!

생각하고 되새기는

글을 읽고 나서
오늘 공부를
신나게 시작하자고!

옆집 아줌마라도
아닌 건 아니다.

옆집 아줌마가 구의원 선거에 나갔어요. 원래 옆집 아줌마가 모르는 사람도 없고 동네일에도 다 관여했거든요. 그런데 그 아줌마가 엄마한테 선거운동을 부탁한 거예요. 엄마는 부탁을 잘 거절하지 못해 도와주게 되었어요. 며칠 후 엄마는 옆집 아줌마가 그럴 줄 몰랐다는 거예요. 글쎄 아줌마가 상대편 아저씨 욕을 그렇게 하고 다닌대요. 그러면서 아줌마가 엄마보고 믿으니까 그런다면서 봉투에 돈 넣어서 아는 사람을 주라고도 했대요. 아빠는 당장 그만두라고 버럭 소리를 질렀어요. 결국 투표를 며칠 앞둔 날 엄마는 선거운동을 그만뒀어요. "그래, 아무리 옆집 아줌마라도 아닌 건 아니지."라고 아빠가 말씀하셨습니다.

그렇답니다. 친한 사람이라고 해서 옳지 않은 일을 도와주어서는 안 된답니다. 오히려 옳지 않은 일은 옳지 않다고 말해야 한답니다. 그래야 우리 사회가 깨끗해진답니다.

창의사고력 기초 다지기 정보처리능력 쑥~

다음 그림들에 이어서 올 그림은 어떤 그림일까 생각해 보세요. 검은
점이 있어야 할 곳의 번호를 써 보세요.

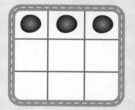 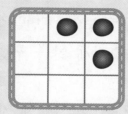  

● 오늘의 읽기 자료입니다. 잘 읽고 문제를 풀어 보세요.

안녕? 난 양반들을 골려 주는 말뚝이야. 탈 만드는 법을 일러 줄 거니까, 내가 부르는 재료를 쭉 늘어놓아 봐. 풍선, 신문지, 하얀색과 갖가지 색의 한지, 가위, 칼, 검은색 천, 바늘, 끈이야. 아참! 밀가루 풀도 있어야 해.

맨 먼저, 풍선을 네 얼굴 크기에 맞게 불어서 묶어. 그러고는 풍선 앞면에 신문지를 적당히 잘라서 10겹 정도로 붙이고, 다시 한지를 5겹 정도 붙여. 어때? 탈모양이 만들어졌지? 이제, 탈모양 위에 색색의 한지와 신문지를 붙이면서 멋지게 탈을 꾸밀 거야. 물론, 털실을 붙이거나 크레파스로 그림을 그려도 돼.

눈이랑 입은 어떻게 하냐고? 에이구! 가위랑 칼은 왜 가져왔어! 얼굴 모양에 맞게 가위로 오리고 칼로 눈, 코, 입에 맞는 구멍을 뚫어 줘. 마지막으로 귀 양옆에 구멍을 뚫어 끈을 묶고, 머리에다가 실로 검은 천을 꿰매면 돼. 어때, 멋진 탈이지? 네가 만든 탈을 쓰고 이 말뚝이처럼 친구들이랑 신명나게 놀아 봐!

말뚝이 드림

① 핵심어
찾기

다음 낱말 중에 위 글에 나온 낱말이 있으면 빈칸에 동그라미 하세요. 동그라미 한 낱말들이 위 글에서 가장 중요한 핵심어입니다.

문제 개수 5 개

맞은 개수 ◯ 개

틀린 개수 ◯ 개

탈춤	탈모양	풍선	만드는 법	신문지

♥ 다음 보기 를 이용해서 ❷번과 ❸번 문제를 풀어 보세요.

보기
① 탈모양
② 검은 천을 씌운다.
③ 풍선
④ 눈, 코, 입에 맞는 구멍

❷
글의 짜임
그리기

문제 개수 3 개

맞은
개수 ⬭ 개

틀린
개수 ⬭ 개

다음은 위 글의 내용을 한눈에 볼 수 있도록 정리한 표입니다. 빈칸에 들어갈 내용을 보기 에서 찾은 다음, 번호와 내용을 모두 쓰세요.

탈 만들기

필요한 재료들(풍선, 신문지, 하얀색과 갖가지 색의 한지, 가위, 칼, 검은색 천, 바늘, 끈, 밀가루 풀)을 준비한다. ➡ 　가　을 얼굴 크기에 맞게 불어서 묶어 놓는다.

풍선 앞면에 신문지를 적당히 잘라서 10겹 정도로 붙이고, 다시 한지를 5겹 정도 붙인다.

만들어진 탈모양 위에 색색의 한지와 신문지로 탈을 멋지게 꾸민다. ⬅

⬇

얼굴 모양에 맞게 가위와 칼로 　나　을 뚫는다. ➡ 귀 양 옆에 구멍을 뚫어 끈을 묶고 머리에 　다　

❸
요약
하기

문제 개수 1 개

맞은
개수 ⬭ 개

틀린
개수 ⬭ 개

다음은 위 글을 간추린 것입니다. 빈칸에 들어갈 내용을 보기 에서 찾은 다음, 번호와 내용을 모두 쓰세요.

　　탈을 만들려면 풍선, 신문지, 하얀색과 색색의 한지, 가위, 칼, 검은색 천, 바늘, 끈, 밀가루 풀 등을 준비해야 한다. 그러고는 얼굴 크기에 맞게 풍선을 불어서 묶는다. 풍선 앞면에 신문지를 적당히 잘라서 10겹 정도, 다시 한지를 5겹 정도 붙인다. 만들어진 　가　을 색색의 한지와 신문지로 멋지게 꾸민다. 가위와 칼로 눈, 코, 입에 맞는 구멍을 뚫는다. 마지막으로 귀 양 옆에 구멍을 뚫어 끈을 묶고 머리에 검은 천을 씌운다.

다음은 위 글의 제목 후보입니다. 먼저, 위 글의 제목으로 가장 알맞은 것을 골라 빈 칸에 ○를 하세요. 그런 다음, 주어진 조건에 맞게 ×, △, □를 표시하세요. (단, ○는 딱 한 개만 고르세요.)

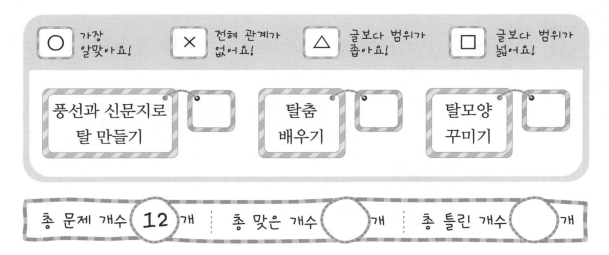

○ 가장 알맞아요! 　 × 전혀 관계가 없어요! 　 △ 글보다 범위가 좁아요! 　 □ 글보다 범위가 넓어요!

| 풍선과 신문지로 탈 만들기 | ⬜ | 탈춤 배우기 | ⬜ | 탈모양 꾸미기 | ⬜ |

총 문제 개수 **12** 개 　 총 맞은 개수 ◯ 개 　 총 틀린 개수 ◯ 개

상식 쑥쑥 키우는 **12**

핸드백의 역사와 쓰임새

글을 읽고 나서 오늘 공부를 신나게 시작하자고!

　핸드백은 중세 초기에 나타났는데 당시에는 열쇠, 지갑, 빗, 나이프 등을 넣고 다니다가 16세기 초에는 향수를 넣고 다녔답니다. 그리고 19세기 초에 손에 들고 다니는 이른바 핸드백의 유행이 시작되었어요. 그 뒤로 핸드백은 다양해졌답니다. 금, 은으로 된 작은 체인 지갑, 모피 붐이 불었던 제1차 세계대전 종전 무렵에는 족제비 털 가방이 선보였습니다. 1920년대 중반에는 지퍼가 들린 핸드백이 나타났어요.

　핸드백의 크기, 색깔, 모양, 손잡이는 시대에 따라 유행이 달라졌습니다. 핸드백은 옷과 어울리는 것을 들어야 합니다. 보통 정장 차림에는 망사, 세틴, 실크, 에나멜 등을 소재로 만든 작고 우아한 핸드백을 듭니다. 평상복 차림에는 가죽, 등나무, 캔버스 천 등을 소재로 만든 핸드백을 듭니다.

머리 풀어주는  퍼즐

도전 시간
00 분 40 초

걸린 시간
분 초

창의사고력 기초 다지기 계산능력 쑥~

계산해서 나온 숫자에 해당하는 모양을 찾아 보고 각각 몇 개인지 세어 보세요.

[2 + 3 = ?]   [5 + 3 = ?]

[1 + 5 = ?]   [2 + 2 = ?]

1	2	3	4	5	6	7	8
★	○	★	▢	○	★	○	▢

★ 개   ○ 개   ▢ 개

● 오늘의 읽기 자료입니다. 잘 읽고 문제를 풀어 보세요.

이 하나 기자 : 안녕하세요? 박사님. 자동차는 누가 처음 만들었나요?

김 차차 박사 : 1480년경, 레오나르도 다빈치가 만들었답니다.

이 하나 기자 : 미술가로 유명한 레오나르도 다빈치요?

김 차차 박사 : 네. 벽시계의 태엽을 감다가 태엽을 감는 열쇠가 튕겨 나오는 바람에 이마를 다쳤는데, 이때 태엽이 풀리는 힘에 힌트를 얻어 태엽자동차를 만들었답니다.

이 하나 기자 : 태엽자동차는 오늘날의 자동차와는 모습이 많이 다르겠네요?

김 차차 박사 : 네. 지금 자동차와 비슷한 건 1769년이 돼서야 발명되었지요. 프랑스의 니콜라 조제프 퀴뇨가 만든 바퀴가 세 개인 자동차였어요. 그것은 증기를 이용했어요. 지금처럼 휘발유를 이용한 자동차는 1886년 독일의 고틀리에 다임러와 카를 벤츠가 만들었지요.

이 하나 기자 : 그럼, 앞으로는 어떤 자동차가 등장할까요?

김 차차 박사 : 물, 태양열 등을 이용한 친환경자동차가 등장할 겁니다. 그리고 자동차가 스스로 운전하는 인공지능 자동차도 연구중이랍니다.

① 핵심어 찾기

다음은 위 글과 관련된 낱말들입니다. 가장 넓은 뜻을 지닌 단어를 찾아 ✔해보세요. 표시한 낱말이 위 글에서 가장 중요한 핵심어입니다.

문제 개수 1 개

맞은 개수 ◯ 개

틀린 개수 ◯ 개

☐ 자동차　　　☐ 태엽자동차　　　☐ 친환경자동차

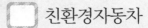

♥ 다음 보기를 이용해서 ❷번과 ❸번 문제를 풀어 보세요.

보기
① 태엽자동차   ② 증기를 이용해서
③ 친환경자동차   ④ 휘발유를 이용한

❷ 글의 짜임
그리기

문제 개수 3 개

맞은
개수 ⬜ 개

틀린
개수 ⬜ 개

다음은 위 글의 내용을 한눈에 볼 수 있도록 정리한 표입니다. 빈칸에 들어갈 내용을 보기에서 찾은 다음, 번호와 내용을 모두 쓰세요.

자동차의 역사

[1480년] 세계 최초의 자동차 등장 : 레오나르도 다빈치의
⑦ _____

➡️

[1769년] 증기를 이용한 자동차 등장 : 니콜라 조제프 퀴뇨의 바퀴 세 개인 자동차

⬇️

[미래] ⓓ _____ :
물, 태양열 등을 이용하여 환경오염을 줄인 자동차, 자동차가 스스로 운전하는 인공지능 자동차

⬅️

[1886년] ⓑ _____ 자동차 : 독일 고틀리에 다임러와 카를 벤츠의 자동차

❸ 요약
하기

다음은 위 글을 간추린 것입니다. 빈칸에 들어갈 내용을 보기에서 찾은 다음, 번호와 내용을 모두 쓰세요.

문제 개수 1 개

맞은
개수 ⬜ 개

틀린
개수 ⬜ 개

세계 최초의 자동차는 1480년 레오나르도 다빈치의 태엽자동차이다. 지금의 자동차와 비슷한 모습을 한 것은 1769년 니콜라 조제프 퀴뇨가 만든 자동차이다. 이 자동차는 바퀴가 세 개였는데, ⑦ _____ 움직였다. 오늘날처럼 휘발유를 이용한 자동차는 1886년에 등장했다. 독일 고틀리에 다임러와 카를 벤츠가 만들었다. 미래에는 물, 태양열 등을 이용한 친환경자동차와 자동차가 스스로 운전하는 인공지능 자동차가 등장할 전망이다.

111

다음은 위 글에 가장 어울리는 제목을 찾는 과정입니다. 서로 관계 있는 것끼리 줄로 이으세요.

세계 최대의 자동차 공장 ★   ★ 이 글의 제목으로 딱 좋아!

최초의 자동차, 태엽자동차 ★   ★ 범위가 너무 좁아!

자동차의 역사 ★   ★ 이 글과 상관없는 제목이야!

총 문제 개수 ⑧ 개 │ 총 맞은 개수 ◯ 개 │ 총 틀린 개수 ◯ 개

마음에 힘이 되는 72

글을 읽고 나서
오늘 공부를
신나게 시작하자고!

황희 정승과
농부

황희 정승이라고 알고 있지요? 조선시대 세종대왕 때에 높은 벼슬을 지낸 분으로, 검소한 생활과 깨끗한 성품으로 백성들의 존경을 받은 분이랍니다. 그런데, 황희 정승이 한 농부에게 가르침을 받은 일이 있었답니다.

어느 날 황희 정승이 길을 가고 있었는데, 농부가 검정 소와 누런 소 두 마리를 부리며 논을 갈고 있었습니다. 황희 정승은 어느 소가 더 일을 잘하는지 궁금했답니다. 그래서 농부에게 다가가 물어 보았지요. 그러자 농부는 황희 정승에게 가까이 다가오더니, 검정소가 더 일을 잘한다며 귓속말로 속삭였답니다. 황희 정승은 그냥 말해도 될 것을 왜 귓속말로 하느냐고 물었지요. 그러자, 농부는 누런 소가 이 말을 들으면 기분이 상하지 않겠냐고 했답니다. 황희 정승은 비록 짐승일지라도 그 마음을 헤아려 주는 농부를 보며 감탄했답니다.

머리 풀어주는 퍼즐

도전 시간	걸린 시간
00 분 30 초	분 초

창의사고력 기초 다지기 주의집중력 쑥~

화살표를 따라 길을 따라가면서 모양들이 각각 몇 개씩 나오는지 세어 보세요.

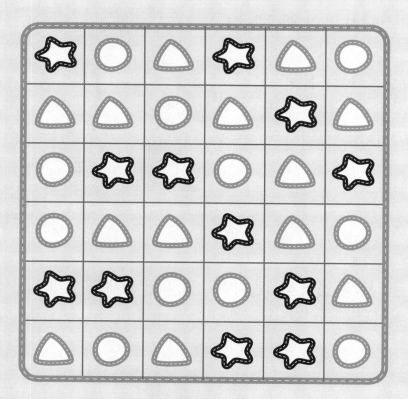

별 모양 ___ 개

삼각형 모양 ___ 개

원 모양 ___ 개

도전시간
6 분 30 초

걸린시간
분 초

● 오늘의 읽기 자료입니다. 잘 읽고 문제를 풀어 보세요.

우리 학교 교통 안전은 우리가 지킨다.

최근 초등학교 주변 스쿨존에서 일어나는 교통사고로 인해 많은 어린이가 피해를 입고 있다. 그러자 초등학생들이 스스로 교통 안전을 지키기 위해 나서고 있다.

안산에 있는 한 초등학교 학생들은 지난 금요일 등하굣길에 '안전한 스쿨존을 만들어 주세요' 라는 캠페인을 벌였다. 학생들은 경찰 복장을 하고 "아빠. 음주운전은 안 돼요", "정지선을 지켜 주세요", "학교 앞에서는 천천히" 등의 문구가 쓰인 팻말을 직접 들었다.

캠페인에 참가한 한 학생은 "어른들이 스쿨존을 만들어 놓고 너무 빨리 차를 운전한다"며, 스쿨존에서만큼은 천천히 운전할 것을 부탁했다.

❶ 핵심어 찾기

다음 낱말들이 위 글에서 몇 번씩 나왔는지 개수를 세어 보세요. 많이 나온 낱말이 위 글에서 가장 중요한 핵심어입니다.

문제 개수 2 개

맞은 개수 ⬜ 개
틀린 개수 ⬜ 개

스쿨존 　　　　음주운전

♥ 다음 보기를 이용해서 ❷번과 ❸번 문제를 풀어 보세요.

보기　① 캠페인　　　　　　　② 학생들

　　　③ 초등학교 앞　　　　④ 안전한 스쿨존

❷
글의 짜임
그리기

문제 개수 3 개

맞은
개수 　　 개

틀린
개수 　　 개

다음은 위 글의 내용을 한눈에 볼 수 있도록 정리한 표입니다. 빈칸에 들어갈 내용을 보기에서 찾은 다음, 번호와 내용을 모두 쓰세요.

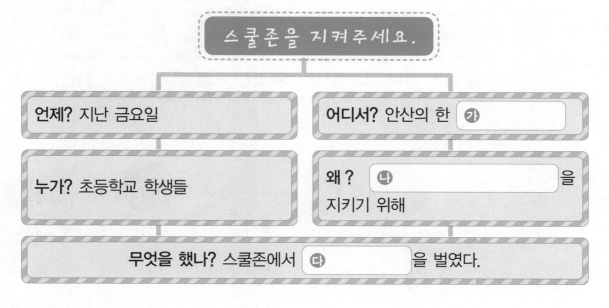

스쿨존을 지켜주세요.

언제? 지난 금요일

어디서? 안산의 한 ㉮

누가? 초등학교 학생들

왜? ㉯　　　　　　을 지키기 위해

무엇을 했나? 스쿨존에서 ㉰　　　　을 벌였다.

❸
요약
하기

문제 개수 1 개

맞은
개수 　　 개

틀린
개수 　　 개

다음은 위 글을 간추린 것입니다. 빈칸에 들어갈 내용을 보기에서 찾은 다음, 번호와 내용을 모두 쓰세요.

　　지난 금요일, 안산의 한 초등학교 앞에서는 안전한 스쿨존을 지키기 위한 캠페인이 열렸다. 최근 스쿨존에서 일어나는 교통사고로 어린이들의 피해가 커지자, 초등학교 ㉮　　　　　이 직접 나선 것이다. 이 캠페인에 참가한 한 학생은 어른들이 만들어 놓은 스쿨존을 스스로 지켜 줄 것을 부탁했다.

다음은 위 글의 제목 후보입니다. 먼저, 위 글의 제목으로 가장 알맞은 것을 골라 빈 칸에 ◯를 하세요. 그런 다음, 주어진 조건에 맞게 ×, △, □를 표시하세요. (단, ◯는 딱 한 개만 고르세요.)

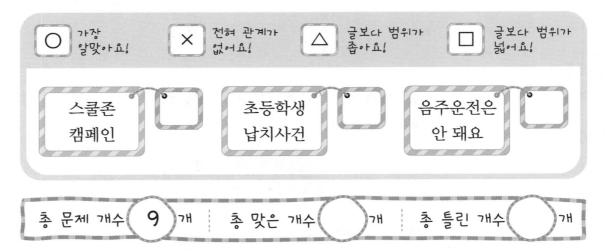

◯ 가장 알맞아요!　×　전혀 관계가 없어요!　△　글보다 범위가 좁아요!　□　글보다 범위가 넓어요!

| 스쿨존 캠페인 | | 초등학생 납치사건 | | 음주운전은 안 돼요 | |

총 문제 개수 **9** 개　　총 맞은 개수 ◯ 개　　총 틀린 개수 ◯ 개

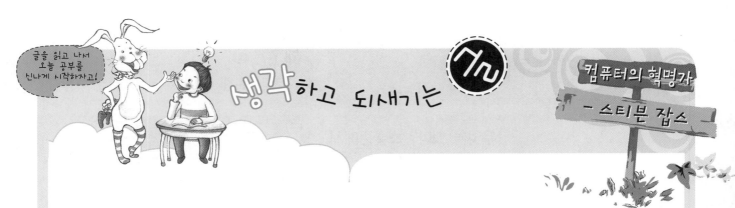

글을 읽고 나서 오늘 공부를 신나게 시작하자고!

생각하고 되새기는　**7교시**

컴퓨터의 혁명가 - 스티브 잡스

　스티브 잡스는 1976년 21살에 친구와 함께 애플을 창업했습니다. 그리고 창업 1년 만에 세계 최초 개인용 컴퓨터를 만들어 정보화 시대를 열었습니다. 애플이 1984년 새롭게 개발한 매킨토시에는 오늘날 PC에서 사용하고 있는 중요한 기술이 거의 들어 있답니다. 스티브 잡스는 1995년 세계 최초의 3D 애니메이션 영화, 〈토이 스토리〉를 제작해 큰 성공을 거뒀습니다. 또한 그는 누드 형태의 PC 모니터 일체형 아이맥(iMac)으로 크게 성공하였습니다.

　스티브 잡스가 이렇게 성공한 이유는 무엇일까요? 처음에 시작한 마음을 잃지 않고 세상을 바꾸기 위해 열정적으로 살았기 때문입니다. 어린이 여러분도 새해에 새운 마음을 잃지 않고 일을 해 보세요. 그러면 반드시 성공한답니다.

도전 시간 00 분 20 초

걸린 시간 분 초

창의사고력 기초 다지기 연상추리력 쓱~

그림의 빈 곳에 들어갈 알맞은 그림은 무엇일까요?

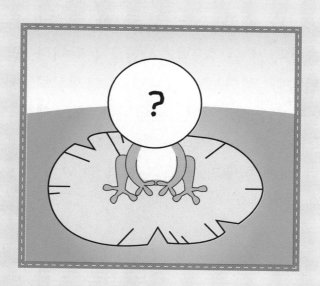

①  ②  ③  ④

번

도전시간

| 6 분 | 00 초 |

걸린시간

| 분 | 초 |

● 오늘의 읽기 자료입니다. 잘 읽고 문제를 풀어 보세요.

　자동차를 사고 없이 안전하게 운전하기 위해 운전면허시험을 보듯이, 자전거도 면허시험이 있답니다. 자전거 안전운전 면허시험은 일곱 살부터 초등학교 6학년까지만 볼 수 있는 어린이만의 면허증이랍니다. 그렇다고 얕보면 안 돼요. 세계 17개국에서 인정해 주는 국제공인 면허증이니까요.

　이 시험은 필기와 실기로 나누어져 있습니다. 자전거의 구조와 교통안전표시에 대한 기본적인 공부를 한 후, 필기시험을 본답니다. 필기시험에 합격하면 실기시험을 보게 됩니다. 횡단보도 건너기, 지그재그로 가기, 수신호 하기 등의 과목을 직접 자전거를 타고 시험 본답니다. 도로에서 안전하게 자전거를 타는 기술을 익히는 것이지요.

　이제 자전거를 탈 때엔 헬멧과 함께 자전거 안전운전 면허증을 꼭 챙기세요.

①
핵심어
찾기

다음 문장의 빈칸에 알맞은 낱말을 적어 보세요. 빈칸의 낱말이 위 글에서 가장 중요한 핵심어입니다.

문제 개수 **1** 개

맞은
개수 　 개

틀린
개수 　 개

　　　　　　　　　은 자전거를 안전하게 타기 위해 마련된 시험을 보고 난 후 합격을 하면 받을 수 있습니다.

118

♥ 다음 보기 를 이용해서 ❷번과 ❸번 문제를 풀어 보세요.

보기
① 실기시험
② 국제공인 면허증
③ 안전하게
④ 일곱 살

❷
글의 짜임
그리기

다음은 위 글의 내용을 한눈에 볼 수 있도록 정리한 표입니다. 빈칸에 들어갈 내용을 보기 에서 찾은 다음, 번호와 내용을 모두 쓰세요.

문제 개수 3 개

맞은 개수 ◯ 개

틀린 개수 ◯ 개

자전거 안전운전 면허증		
시험 대상	㉮	부터 초등학교 6학년까지
시험 목적	사고 없이 안전하게 자전거를 타기 위해서	
특징	세계 17개국에서 인정해 주는 ㉯	
시험 과목	필기시험	자전거의 구조와 교통안전표지에 대한 시험
	㉰	횡단보도 건너기, 지그재그로 가기, 수신호 하기 등 자전거를 타는 기술에 관한 시험

❸
요약
하기

다음은 위 글을 간추린 것입니다. 빈칸에 들어갈 내용을 보기 에서 찾은 다음, 번호와 내용을 모두 쓰세요.

문제 개수 1 개

맞은 개수 ◯ 개

틀린 개수 ◯ 개

사고 없이 ㉮ 자전거를 타기 위해서 치르는 시험이 있다. 바로 자전거 안전운전 시험이다. 이 시험은 일곱 살부터 초등학교 6학년까지 볼 수 있는데, 합격하면 자전거 안전운전 면허증을 준다. 이 면허증은 세계 17개국에서 인정해 주는 국제공인 면허증이다. 이 시험은 자전거에 관해 얼마나 알고 있는지를 묻는 필기시험과 자전거 타는 기술을 평가하는 실기시험으로 나누어진다.

❹ 제목 달기

다음은 위 글에 가장 어울리는 제목을 찾는 과정입니다. 서로 관계 있는 것끼리 줄로 이으세요.

자전거 안전운전 면허증 ★　　★ 이 글의 제목으로 딱 좋아!

자동차 운전면허 시험 날 ★　　★ 범위가 너무 좁아!

자전거 안전운전 면허 시험과목 ★　　★ 이 글과 상관없는 제목이야!

총 문제 개수 ◯8◯ 개　│　총 맞은 개수 ◯ 개　│　총 틀린 개수 ◯ 개

글을 읽고 나서 오늘 공부를 신나게 시작하자고!

상식 쑥쑥 키우는

시치미의 유래는?

　　아침 우유 마시는 시간이었어요. 동환이가 우유를 뜯다가 힘을 잘못 줘서 우유를 쏟았어요. 동환이 짝인 은희 공책이 젖었어요. 은희가 돌아와 "야, 오동환. 너 그렇데 딱 시치미 떼면 모를 줄 알아?"라고 소리쳤어요. 그랬더니 동환이는 "내가 뭘 떼었다고 그래?"라고 대답했어요.

　　선생님이 은희 공책을 닦아 주시면서 말했어요. "애들아. 시치미는 매한테 달아 주던 이름표 같은 거야. 옛날에는 매로 꿩을 사냥했는데, 자기 매에 주소와 이름 같은 것을 쓴 시치미를 달아 두었단다. 그런데 사냥을 하다 보면 매를 잃어버리기도 하지. 그러면 매를 주운 사람이 그 시치미를 똑 떼어버리고 마치 자기 매인양 가져 버려. 그래서 알고도 모른 척, 했으면서도 안 한 척하는 걸 시치미 뗀다고 하는 거야." 그러자 동환이가 은희에게 "미안해. 매 다시 돌려줄게." 하며 사과했고, 우린 다 같이 큰 소리로 웃었답니다.

28회

머리 풀어주는 퍼즐

공부를 시작할 때도
준비운동이 필요하다고!
하나둘 하나둘

도전 시간	걸린 시간
00 분 40 초	분 초

창의사고력 기초 다지기 판단능력 쓱~

대각선 방향으로 같은 모양들로 채워진 사각형이 있습니다. 빈칸에 들어갈 모양은 무엇일까요?

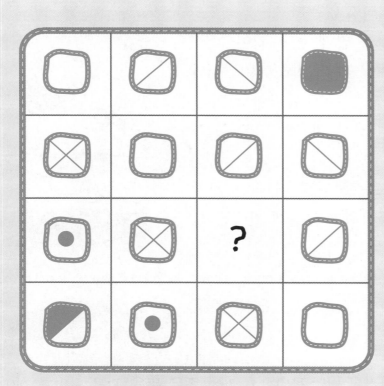

❶

❷

❸

❹

번

● 오늘의 읽기 자료입니다. 잘 읽고 문제를 풀어 보세요.

　　영화에서나 나올 법한 파리 로봇이 실제로 개발되었다. 생긴 모양이 파리를 닮아 파리 로봇이라 불린다는데, 실제로 파리처럼 날 수도 있다.

　　이것은 미국 하버드 대학교에서 7년간의 연구 끝에 개발한 로봇으로, 지금까지 만들어진 로봇 중 가장 작다. 로봇의 크기가 날개를 쭉 펴도 3cm밖에 되지 않고, 무게도 0.06g밖에 되지 않는다.

　　파리 로봇은 첩보 업무를 맡게 될 계획이다. 작은 크기 덕분에 몰래 침투해서 적의 정보를 비밀리에 얻을 수 있기 때문이다. 앞으로 다른 나라들도 미국의 파리 로봇과 같은 초소형 로봇 개발에 힘쓸 것으로 예상된다.

　　이제 곧 미국의 파리 로봇보다도 더 작은 모기 로봇, 하루살이 로봇이 등장하지 않을까 기대된다.

❶ 핵심어 찾기

문제 개수 **1** 개

맞은 개수 ⬚ 개

틀린 개수 ⬚ 개

다음은 위 글과 관련된 낱말들입니다. 가장 좁은 뜻을 지닌 단어를 찾아 ✔해보세요. 표시한 낱말이 위 글에서 가장 중요한 핵심어입니다.

☐ 로봇　　　☐ 초소형 로봇　　　☐ 파리 로봇

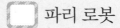

♥ 다음 보기 를 이용해서 ❷번과 ❸번 문제를 풀어 보세요.

보기 ① 생김새   ② 파리 로봇
      ③ 미국   ④ 첩보 업무

❷
글의 짜임
그리기

문제 개수 3 개

맞은
개수 ⃝ 개

틀린
개수 ⃝ 개

다음은 위 글의 내용을 한눈에 볼 수 있도록 정리한 표입니다. 빈칸에 들어갈 내용을 보기 에서 찾은 다음, 번호와 내용을 모두 쓰세요.

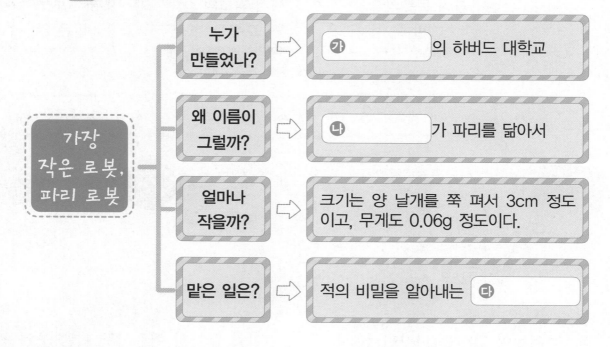

가장
작은 로봇,
파리 로봇

누가
만들었나? ⇨ ㉮ _____의 하버드 대학교

왜 이름이
그럴까? ⇨ ㉯ _____가 파리를 닮아서

얼마나
작을까? ⇨ 크기는 양 날개를 쭉 펴서 3cm 정도이고, 무게도 0.06g 정도이다.

맡은 일은? ⇨ 적의 비밀을 알아내는 ㉰ _____

❸
요약
하기

문제 개수 1 개

맞은
개수 ⃝ 개

틀린
개수 ⃝ 개

다음은 위 글을 간추린 것입니다. 빈칸에 들어갈 내용을 보기 에서 찾은 다음, 번호와 내용을 모두 쓰세요.

　　세계에서 가장 작은 로봇이 만들어져 화제이다. 이 로봇은 파리의 생김새를 닮았다고 하여 ㉮ _____이라고 부른다. 실제로 파리처럼 날 수도 있다. 미국의 하버드 대학교에서 만들었다. 이 로봇의 크기는 양 날개를 쭉 펴서 3cm 정도이고, 무게도 0.06g 정도밖에 되지 않는다. 이 파리 로봇은 작은 크기 덕분에 적의 비밀을 알아내는 첩보 업무를 맡게 될 것으로 예상된다.

④ 제목 달기

다음은 위 글의 제목 후보입니다. 먼저, 위 글의 제목으로 가장 알맞은 것을 골라 빈 칸에 ○를 하세요. 그런 다음, 주어진 조건에 맞게 ×, △, □를 표시하세요. (단, ○는 딱 한 개만 고르세요.)

문제 개수 3 개

맞은 개수 ___ 개

틀린 개수 ___ 개

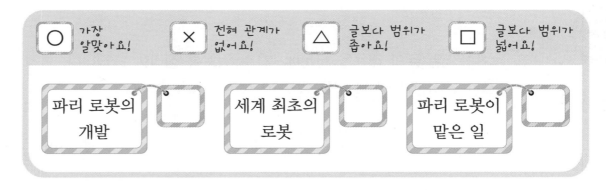

| ○ 가장 알맞아요! | × 전혀 관계가 없어요! | △ 글보다 범위가 좁아요! | □ 글보다 범위가 넓어요! |

| 파리 로봇의 개발 | 세계 최초의 로봇 | 파리 로봇이 맡은 일 |

총 문제 개수 **8** 개 │ 총 맞은 개수 ◯ 개 │ 총 틀린 개수 ◯ 개

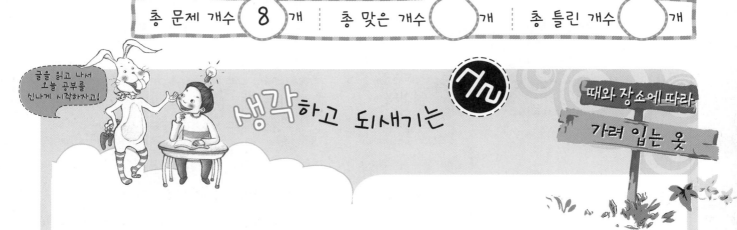

생각하고 되새기는 72

때와 장소에 따라 가려 입는 옷

글을 읽고 나서 오늘 공부를 신나게 시작하자고!

어진이 엄마는 디자이너예요. 그런 엄마를 닮아서 어진이도 예쁜 옷에 관심이 많아요. 학교에서도 멋쟁이 소리를 들어요. 놀 때도 패션쇼 놀이, 게임도 아바타 옷 갈아입히기를 해요. 오늘도 몸에 꼭 붙는 까만 레깅스에 은색 반짝이가 있는 헐렁한 빨간 셔츠를 무릎까지 내려 입었어요. 그 위에 배꼽까지 오는 짧은 은색 재킷을 걸치고요.

참, 오늘은 공개수업 날이에요. 공개수업을 보러 오신 엄마들이 어진이 옷을 보고 한마디씩 하는 눈치예요. 선생님도 어진이 차림이 눈에 띄는지 자꾸 어진이만 시켜요. 어진이는 답변도 못하고 레깅스의 은색 반짝이만 잡아 뜯었어요. 어진이는 "학교 갈 때는 학생답게 입어"라고 했던 엄마 말이 생각났답니다.

그렇답니다. 때와 장소에 어울리는 옷을 입어야 한답니다. 남을 신경 쓰지 않는 옷차림은 남에게 피해를 주기도 한답니다.

29회

창의사고력 기초 다지기 　정보처리능력 쏙~

다음 그림들에 이어서 들어가야 할 그림은 어떤 것일지 찾아 보세요.

| 1 2 3 | 2 3 4 | 3 4 5 | 4 5 6 | ? |

❶
5
8
9

❷
5
6
7

❸
6
7
8

❹
6
5
4

번

● 오늘의 읽기 자료입니다. 잘 읽고 문제를 풀어 보세요.

그리스 신화에 등장하는 청동 거인 탈로스. 그는 대장장이의 신 헤파이스토스가 만든 로봇입니다. 탈로스는 크레타 섬의 왕 미노스를 위한 선물이 되어, 하루 세 차례 섬을 순찰하게 됩니다. 적의 배가 섬 가까이 오면 바위로 격침시키고, 적이 섬에 올라오면 뜨겁게 달궈진 자신의 몸으로 껴안아 죽였지요.

완벽하게 적을 막아 내던 탈로스에게도 약점은 있었습니다. 바로 발뒤꿈치였어요. 탈로스의 몸은 머리부터 발끝까지 하나의 관으로 연결되었는데, 발뒤꿈치에서 못으로 고정되었거든요. 어느 날, 미노스를 물리치기 위해 그리스 영웅들이 섬을 침략했습니다. 그러자 탈로스는 바위를 번쩍 들어 올렸어요. 이때, 영웅 메데이아가 탈로스에게 마법을 걸어 최면에 빠뜨리고는 발뒤꿈치의 못을 뽑아 버렸답니다. 그러자 탈로스의 청동으로 된 몸이 흘러내려 흔적도 없이 사라지고 말았답니다.

① 핵심어 찾기

문제 개수 5 개

맞은 개수 ⬚ 개

틀린 개수 ⬚ 개

다음 낱말 중에 위 글에 나온 낱말이 있으면 빈칸에 동그라미 하세요. 동그라미 한 낱말들이 위 글에서 가장 중요한 핵심어입니다.

그리스 신화	로봇	탈로스	헤라클레스	청동 거인

♥ 다음 보기 를 이용해서 ❷번과 ❸번 문제를 풀어 보세요.

보기
① 로봇   ② 탈로스
③ 발뒤꿈치   ④ 헤파이스토스

❷ 글의 짜임 그리기

문제 개수 3 개

맞은 개수 ◯ 개

틀린 개수 ◯ 개

다음은 위 글의 내용을 한눈에 볼 수 있도록 정리한 표입니다. 빈칸에 들어갈 내용을 보기 에서 찾은 다음, 번호와 내용을 모두 쓰세요.

신화 속 로봇, 탈로스

| 가 는 그리스 신화에 등장하는 가장 오래된 로봇이다. | ⇨ | 탈로스는 대장장이의 신 나 가 만든 청동 거인으로, 제우스가 크레타 섬의 왕 미노스에게 선물하였다. | ⇨ | 탈로스는 미노스의 명령으로 섬을 순찰하다 적의 배가 발견되면 바위로 격침시켰다. |

| 완벽하게 적을 막아 내던 탈로스는 결국 흔적도 없이 사라지고 말았다. | ⇦ | 어느 날 영웅 메데이아는 탈로스에게 마법을 걸어 최면에 빠뜨리고는, 탈로스의 약점인 다 의 못을 뽑아 버렸다. |

❸ 요약 하기

문제 개수 1 개

맞은 개수 ◯ 개

틀린 개수 ◯ 개

다음은 위 글을 간추린 것입니다. 빈칸에 들어갈 내용을 보기 에서 찾은 다음, 번호와 내용을 모두 쓰세요.

신화 속에 등장하는 가장 오래된 가 은 바로 청동 거인 탈로스입니다. 제우스는 대장장이 신 헤파이스토스가 만든 탈로스를 크레타 섬의 왕 미노스에게 선물로 보냅니다. 탈로스는 섬을 순찰하며 적의 배를 무찌르는 등 완벽하게 섬을 지켜 냅니다. 하지만 그에게도 약점은 있었는데 이를 안 영웅 메데이아는 마법으로 탈로스를 최면에 빠뜨리고는 발뒤꿈치의 못을 뽑아 버렸지요. 신화 속 로봇, 탈로스는 그렇게 흔적도 없이 사라지고 말았답니다.

④ 제목 달기

다음은 위 글에 가장 어울리는 제목을 지어 보는 과정입니다. 보기 에 주어진 단어를 이용해서 제목을 달아보세요.

문제 개수 1 개

맞은 개수 ◯ 개

틀린 개수 ◯ 개

보기   탈로스   로봇   신화 속

총 문제 개수 10 개 | 총 맞은 개수 ◯ 개 | 총 틀린 개수 ◯ 개

글을 읽고 나서 오늘 공부를 신나게 시작하자고!

상식 쑥쑥 키우는

7교

패션과 경제

경제가 안 좋으면 여자들의 치마 길이가 짧아진다는 말이 있어요. 그러나 사실은 다르답니다. 미니스커트는 경제 호황기 때 나타나고, 긴 치마는 경제 불황기에 나타난답니다. 예를 들면 1920년대 경기가 호황일 때는 짧은 치마가 유행했고, 1930년대 경제 대공황기에는 어려운 현실을 잊고 싶은 마음에 긴 치마가 유행했어요.

미니스커트가 나타난 1960년대는 대호황이었고 이때는 핫 팬티까지 등장하였답니다. 반면 오일쇼크로 불황이 지속됐던 1970년대는 긴 치마가 유행했어요. 경기가 안 좋으면 남성복 판매가 줄어들고, 빨간 립스틱이 유행한대요. 모든 화장품을 고루 갖추지 못하고 립스틱 하나로 화장 효과를 노리기 때문이래요. 옷 색도 화사한 색보다는 어둡고 칙칙한 색을 많이 입는대요.

공부를 시작할 때도 준비운동이 필요하다고! 하나둘 하나둘

머리 풀어주는  퍼즐

도전 시간	걸린 시간
00 분 40 초	분 초

창의사고력 기초 다지기  계산능력 쑥~

바퀴 수의 합이 모두 10이 되려면 어떤 차 한 대가 더 필요할까요?

❶

❷

❸

❹

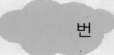 번

도전시간

6 분 40 초

걸린시간

분 초

● 오늘의 읽기 자료입니다. 잘 읽고 문제를 풀어 보세요.

　　과연, 공상과학 영화에서처럼 인간과 로봇의 전쟁이 일어날까요? 아마, '로봇의 아버지'라고 불리는 아시모프가 만든 원칙을 잘 따른다면, 그런 일은 없을 거예요.

　　아시모프는 1950년에 쓴 책에서 '로봇 공학의 3원칙'을 만들었습니다.

제1원칙 : 로봇은 인간에게 해를 끼칠 수 없으며, 위험에 처한 인간을 그냥 두어선 안 된다.

제2원칙 : 로봇은 인간의 명령에 따라야 한다. 명령이 1조에 어긋날 때는 따르지 않아도 된다.

제3원칙 : 로봇은 1조와 2조에 위배되지 않는 한 자기 자신을 지켜야 한다.

　　세계 각국의 과학자들은 로봇을 개발할 때, 아시모프의 원칙을 받아들이고 있답니다. 하지만, 몇몇 나라에서는 이를 무시하고 전투용 로봇을 만들기도 하지요. 로봇이 적이 될지 친구가 될지는 인간에게 달렸답니다.

❶ 핵심어 찾기

다음 낱말 중에 위 글에 나온 낱말이 있으면 빈칸에 동그라미 하세요. 동그라미 한 낱말들이 위 글에서 가장 중요한 핵심어입니다.

문제 개수 5 개

맞은 개수 ◯ 개

틀린 개수 ◯ 개

3원칙	의료용 로봇	아시모프	우주개발 로봇	전투용 로봇

♥ 다음 보기 를 이용해서 ❷번과 ❸번 문제를 풀어 보세요.

보기
① 아시모프
② 인간에게 해
③ 로봇 공학의 3원칙
④ 인간의 명령

❷
글의 짜임
그리기

문제 개수 3 개

맞은
개수 ⬜ 개

틀린
개수 ⬜ 개

다음은 위 글의 내용을 한눈에 볼 수 있도록 정리한 표입니다. 빈칸에 들어갈 내용을 보기 에서 찾은 다음, 번호와 내용을 모두 쓰세요.

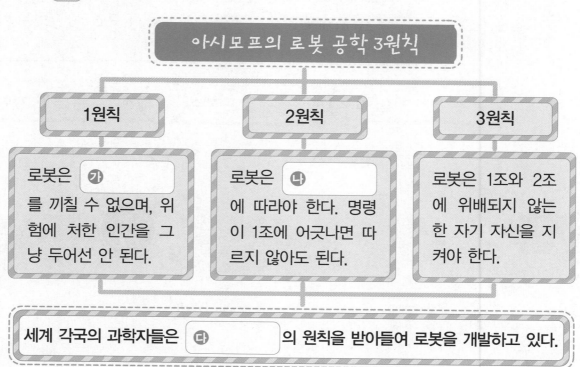

아시모프의 로봇 공학 3원칙

1원칙	2원칙	3원칙
로봇은 ㉮ 를 끼칠 수 없으며, 위험에 처한 인간을 그냥 두어선 안 된다.	로봇은 ㉯ 에 따라야 한다. 명령이 1조에 어긋나면 따르지 않아도 된다.	로봇은 1조와 2조에 위배되지 않는 한 자기 자신을 지켜야 한다.

세계 각국의 과학자들은 ㉰ 의 원칙을 받아들여 로봇을 개발하고 있다.

❸
요약
하기

문제 개수 1 개

맞은
개수 ⬜ 개

틀린
개수 ⬜ 개

다음은 위 글을 간추린 것입니다. 빈칸에 들어갈 내용을 보기 에서 찾은 다음, 번호와 내용을 모두 쓰세요.

'로봇의 아버지' 아시모프는 로봇을 만들 때 지켜야 할 '㉮   '을 만들었습니다. "첫째, 로봇은 인간을 해칠 수 없으며, 위험에 처한 인간을 그냥 두어서는 안 된다. 둘째, 로봇은 인간의 명령에 따라야 한다. 단, 명령이 1조에 어긋나면 따르지 않아도 된다. 셋째, 로봇은 위 두 원칙에 위배되지 않는 한 자기 자신을 지켜야 한다."는 것이었습니다. 과학자들은 이 아시모프의 원칙을 기준으로 로봇을 개발하고 있습니다.

④ 제목 달기

다음은 위 글에 가장 어울리는 제목을 찾는 과정입니다. 서로 관계 있는 것끼리 줄로 이으세요.

아시모프의 3원칙 ★   ★ 이 글의 제목으로 딱 좋아!

전투용 로봇의 개발 ★   ★ 범위가 너무 좁아!

로봇의 미래 ★   ★ 이 글과 상관없는 제목이야!

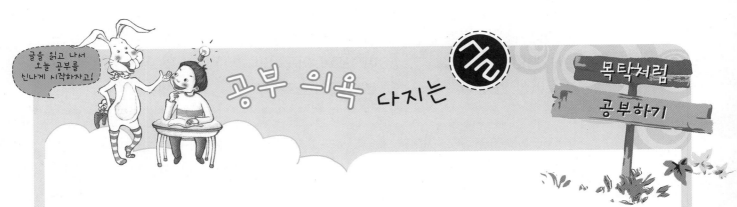

글을 읽고 나서 오늘 공부를 신나게 시작하자고!

공부 의욕 다지는

목탁처럼 공부하기

불교 하면 떠오르는 목탁은 삭발한 스님 머리 모양 같기도 하고 럭비공 같기도 하지요. 이 목탁은 어떻게 생겨났을까요? 본디 목탁은 물고기 모양을 따서 만든 목어(나무를 물고기 모양으로 만든 것)에서 온 거래요. 목어가 너무 커서 언제 어디서나 치기는 불편해서 작은 목탁을 쓰게 된 거죠.

그럼 왜 하필 물고기 모양을 땄을까요? 물고기가 밤이나 낮이나 눈을 뜨고 움직이고 다니잖아요. 그런 것처럼 수행자도 밤낮없이 수도하라는 뜻이래요. 수행자는 목어를 두드리며 정신을 바짝 차려 수행하고, 중생들은 이 소리를 들으며 늘 깨어 있으라는 뜻을 담고 있는 거랍니다.

우리도 공부를 하면서 이런 마음을 가지면 어떨까요? 밤낮없이 열심히 공부를 하는 마음을 갖는 거예요.

초

1·2 학년

기본II

정답

01 회 13쪽~16쪽

퍼즐 ⑤

정답

① **핵심어 찾기** ○, ○, ×, ○, ○

② **글의 짜임 그리기** ㉮-③ 분뇨처리장
㉯-② 슬러지

③ **요약 하기** ④ 분뇨차

④ **제목 달기**

똥의 처리 과정 ————— 이 글의 제목으로 딱 좋아!

음식물에서 똥이 되는 과정 ——— 범위가 너무 좁아!

분뇨처리장에서 하는 일 ——— 이 글과 상관없는 제목이야!

해설

제시문 정리하기

제시문은 똥의 처리 과정에 대한 글입니다. 변기에서 물과 함께 버려진 똥은 정화조로 모입니다. 정화조에 똥이 가득 차면 분뇨차가 와서 분뇨처리장으로 가져가서 똥에 섞인 쓰레기를 걸러 냅니다. 그리고 보름쯤 썩혀 슬러지를 만듭니다. 슬러지는 먼 바다에 버리거나 땅 속에 파묻습니다. 내가 눈 똥은 쓰레기가 되어 결국 바다나 땅에 버려진답니다.

④ **제목 달기**

▶ **똥의 처리 과정** : 제시문은 화장실에서 물과 함께 버려진 똥이 어떻게 처리되는지 이야기하고 있습니다. 그러므로 이것이 이 글의 제목으로 알맞습니다.

▶ **음식물에서 똥이 되는 과정** : 제시문은 음식물이 똥으로 되기까지의 소화과정에 대해 설명하고 있지 않습니다. 따라서 이 글의 내용과는 상관없는 제목입니다.

▶ **분뇨처리장에서 하는 일** : 똥이 바다에 버려지거나 땅에 묻히기까지 여러 단계를 거쳐야 합니다. 분뇨처리장에서의 처리과정은 일부분이므로 이 글의 제목으로는 부족합니다.

02 회 17쪽~20쪽

퍼즐 ③

정답

① **핵심어 찾기** 6, 4

② **글의 짜임 그리기** ㉮-⑥ 미생물
㉯-④ 딱딱하게 변함
㉰-① 물 사용량과 비용

③ **요약 하기** ㉮ ⑤ 인공적
㉯ ② 지렁이와 미생물

④ **제목 달기**

천연비료의 좋은 점 ——— 이 글의 제목으로 딱 좋아!

화학비료의 좋은 점 ——— 이 글과 상관없는 제목이야!

화학 비료와 천연비료 ——— 내용을 전부 담기엔 부족해!

해설

제시문 정리하기

제시문은 화학비료와 천연비료에 대해 비교하는 내용입니다. 비료는 곡식과 채소를 많이 얻기 위해 사용하는데, 화학비료와 천연비료가 있습니다. 인공적으로 만들어진 화학비료를 오래 사용하면 땅이 딱딱하게 변해 버리고, 농사에 큰 도움을 주는 지렁이와 미생물이 사라지게 됩니다. 하지만, 미생물에 의해 만들어지는 천연비료를 뿌리면 땅이 기름지게 되고 지렁이와 미생물이 잘 자라 농작물을 많이 거두어들일 수 있습니다.

④ **제목 달기**

▶ **천연비료의 좋은 점** : 제시문은 천연비료뿐만 아니라 화학비료에 대해서도 소개하고 있습니다. 따라서 이 글의 제목으로는 부족합니다.

▶ **화학비료의 좋은 점** : 제시문은 화학비료를 오래 사용하면 땅이 딱딱하게 변해 버리고, 땅 속의 지렁이와 미생물이 사라진다며 경고하고 있습니다. 따라서 이 글의 내용과는 상관없는 제목입니다.

▶ **화학비료와 천연비료** : 제시문은 인공적인으로 만드는 화학비료와 미생물에 의해 만들어지는 천연비료에 대해 모두 설명하고 있습니다. 그러므로 이 글의 제목으로 알맞습니다.

03 회 21쪽~24쪽

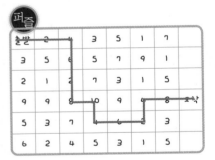
퍼즐

정답

① **핵심어 찾기** 1. 사향커피
2. 사향커피

② **글의 짜임 그리기** ㉮-① 맛있다
㉯-② 사향고양이

③ **요약 하기** ㉮ ③ 코피루왁

④ **제목 달기** 세계에서 가장 비싼 커피

해설

제시문 정리하기

제시문은 세계에서 가장 비싼 커피인 사향커피에 대해 소개하고 있습니다. 사향커피는 사향고양이의 똥에서 얻은 커피 열매로 만드는데, 코피루왁이라고도 불립니다. 커피 열매가 사향고양이의 위와 내장을 통과하기 때문에 커피의 맛과 향이 독특하고 맛있습니다.

 **4 제목 달기**

▶ **세계에서 가장 비싼 커피** : 제시문은 사향고양이의 똥에서 얻은 커피 열매로 만드는 사향커피에 대해 소개하고 있습니다. 따라서 주어진 낱말을 이용하면 '세계에서 가장 비싼 커피'가 가장 알맞은 제목입니다.

퍼즐 ❷, ❹, ❺, ❻

정답

1 핵심어 찾기 깐-연날리기, ㉯-처음

2 글의 짜임 그리기 깐-④ 신라 진덕여왕
ㄴ-① 김유신 장군
ㄷ-② 별똥

3 요약 하기 깐 ③ 허수아비

4 제목 달기

이순신 장군과 연 ╳ 이 글의 제목으로 딱 좋아!

민속놀이 연날리기 ╳ 범위가 너무 넓어!

연날리기는 언제 생겼을까 ╳ 이 글과 상관없는 제목이야!

해설

제시문 정리하기

제시문은 연날리기의 유래에 대해 소개하고 있습니다. 우리나라에서 연날리기가 처음

시작된 것은 삼국시대로 거슬러 올라갑니다. 신라의 진덕여왕이 왕이 되자 반란이 일어났습니다. 김유신 장군은 여왕의 편이 되어 반란군과 맞서 싸웠습니다. 그러던 어느 날, 밤하늘에서 커다란 별똥이 떨어지자 사람들이 술렁거리기 시작했습니다. 그러자 김유신 장군은 허수아비에 불을 지른 후, 연에 매달아 하늘로 날려 보냈습니다. 사람들은 별똥이 다시 하늘로 올라갔다며 힘을 얻었고, 김유신 장군은 반란군을 무찌르게 되었습니다.

4 제목 달기

▶ **이순신 장군과 연** : 허수아비에 불을 질러 연에 매달아 하늘로 날려 보낸 사람은 신라의 김유신 장군입니다. 따라서 이 글과는 상관없는 제목입니다.

▶ **민속놀이 연날리기** : 제시문은 연날리기의 유래에 대해서만 설명하고 있습니다. 따라서 이 글의 제목으로는 범위가 너무 넓습니다.

▶ **연날리기는 언제 생겼을까** : 제시문은 우리나라 민속놀이 중에 하나인 연날리기의 유래에 대해 소개하고 있습니다. 그러므로 이 글의 제목으로 가장 알맞습니다.

퍼즐 ❶, ❹

정답

1 핵심어 찾기 우리나라의 연

2 글의 짜임 그리기 깐-② 방패연
ㄴ-④ 대나무와 한지
ㄷ-① 방구멍

3 요약 하기 깐 ③ 창작연

4 제목 달기 ○, △, ✕

해설

제시문 정리하기

제시문은 인터뷰 형식의 글로, 우리나라 전

통연의 종류에 대해 소개하고 있습니다. 우리나라 전통연에는 방패연, 가오리연, 창작연 세 가지가 있습니다. 직사각형의 방패연은 대나무와 한지로 만듭니다. 가운데 방구멍이 뚫려 있어 움직임이 빠르고 센바람에도 강합니다. 가오리연도 대나무와 한지로 만듭니다. 마름모 모양이고 방구멍 대신 긴 꼬리를 붙입니다. 만들기가 쉬워 아이들이 좋아합니다. 창작연은 모양과 재료에 특별한 제한이 없어 모양이 화려하고 다양해 보고 즐기기에 좋습니다.

4 제목 달기

▶ **우리나라 연의 종류** : 제시문은 우리나라 전통연의 종류인 방패연, 가오리연, 창작연에 대해 소개하고 있으므로, 이 글의 제목으로 가장 알맞습니다.

▶ **방패연과 가오리연** : 제시문은 방패연과 가오리연 말고도 모양과 재료에 특별한 제한이 없는 창작연에 대해서도 소개하고 있습니다. 따라서 이 글의 제목으로 범위가 좁습니다.

▶ **연싸움 잘하는 법** : 제시문에는 연싸움을 잘하는 법에 대해서는 전혀 나와 있지 않습니다. 그러므로 이 글과는 상관없는 제목입니다.

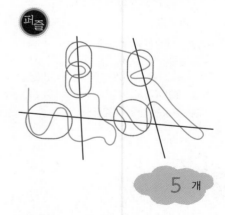

5 개

정답

1 핵심어 찾기 ✕, ○, ✕, ○, ○

② 글의 짜임 그리기   가-② 정월 대보름날
　　　　　　　　　　나-① 송액영복
　　　　　　　　　　다-④ 끊어 버린다.

③ 요약 하기   가 ③ 나쁜 운은 멀리 가고

④ 제목 달기

액막이연 날
리기 ●　　　　　● 이 글의 제목으
　　　　　　　　로 딱 좋아!

달에 사는
마법사 토끼 ●　　　● 범위가 너무 넓
　　　　　　　　어!

정월대보름
날의 풍습 ●　　　● 이 글과 상관없
　　　　　　　는 제목이야!

해설

제시문 정리하기

제시문은 정월 대보름날 풍습인 액막이연에 대해 일기문 형식으로 소개하고 있습니다. 액막이연에는 '송액영복'이라는 한자를 쓰는데, 이는 나쁜 운은 멀리 가고 좋은 운만 오라는 뜻입니다. 액막이연에는 '송액영복' 말고도 이름과 생일을 적어 날리는데, 하늘 높이 올라가면 연줄을 끊어 버립니다.

④ 제목 달기

▶ **액막이연 날리기** : 제시문은 정월 대보름날의 풍습인 액막이연에 대해 소개하고 있으므로, 이 글의 제목으로 가장 알맞습니다.

▶ **달에 사는 마법사 토끼** : 제시문에는 달에 사는 토끼에 대해 나와 있지도 않으며, 액막이연과 토끼는 전혀 관계가 없습니다. 따라서 이 글의 내용과는 상관없는 제목입니다.

▶ **정월 대보름날의 풍습** : 정월 대보름날 풍습에는 달 보고 소원 빌기, 달집 태우기 등 여러 가지가 있는데, 액막이연은 그 중의 하나입니다. 그러므로 이 글의 제목으로는 범위가 넓습니다.

07회 37쪽~40쪽

퍼즐   ③

정답

① 핵심어 찾기   가-파브르

② 글의 짜임 그리기   가-④ 동물 그리고 곤충
　　　　　　　　　　나-② 오랜 연구 끝에
　　　　　　　　　　다-① 곤충의 아버지

③ 요약 하기   가 ③ 곤충기

④ 제목 달기   곤충을 사랑한 파브르

해설

제시문 정리하기

제시문은 '곤충의 아버지'로 유명한 곤충학자 파브르에 관한 이야기입니다. 파브르는 1823년 프랑스에서 태어났습니다. 어린 시절을 할아버지 댁에서 보낸 그는 동물 그리고 곤충과 친구처럼 지냈습니다. 그의 집은 무척 가난했지만, 열심히 공부하여 초등학교 선생님이 되었습니다. 선생님이 된 파브르는 곤충에 관한 연구를 계속했습니다. 선생님을 그만둔 후, 파브르는 어린이를 위한 과학책을 많이 썼습니다. 그리고 1907년에는 오랜 동안의 곤충 연구를 바탕으로 '곤충기'를 완성했습니다. 1915년 세상을 떠난 파브르는 고향에 묻힙니다.

④ 제목 달기

▶ **곤충을 사랑한 파브르** : 제시문은 곤충학자 파브르의 일생에 관한 이야기입니다. 어릴 때부터 곤충을 좋아했던 파브르는 선생님이 된 후에도 계속 곤충을 관찰하였습니다. 선생님을 그만둔 후에도 곤충에 관한 연구를 계속하여 '곤충기'를 완성하였답니다. 따라서 주어진 낱말을 이용한 가장 알맞은 제목은 '곤충을 사랑한 파브르'입니다.

08회 41쪽~44쪽

퍼즐   끄

정답

① 핵심어 찾기   7, 2

② 글의 짜임 그리기   가-① 진딧물
　　　　　　　　　　나-④ 무농약
　　　　　　　　　　다-③ 딸기밭 체험

③ 요약 하기   가 ② 무당벌레

④ 제목 달기   ○, □, ×

해설

제시문 정리하기

제시문은 우리에게 이로운 곤충인 무당벌레에 대해 소개한 글입니다. 무당벌레는 진딧물을 먹고 자라기 때문에, 딸기밭에 무당벌레를 풀어 놓으면 농약을 사용할 필요가 없습니다. 무당벌레와 함께 자란 딸기는 무농약 딸기로 인정받아 비싸게 팔 수 있습니다. 또한 도시 사람들이 딸기밭 체험을 하러 많이 찾아오기도 합니다.

④ 제목 달기

▶ **무당벌레의 좋은 점** : 제시문은 무당벌레가 농작물에게 해로운 곤충인 진딧물을 먹기 때문에 고맙다고 이야기합니다. 따라서 이 글의 제목으로 가장 알맞습니다.

▶ **농약 없이 농사짓는 법** : 농약을 사용하지 않고 농사를 짓는 방법에는 무당벌레를 이용하는 방법 말고도 여러 가지가 있습니다. 그러므로 이 글의 제목으로는 범위가 넓습니다.

▶ **건강에 좋은 딸기** : 제시문에는 딸기가 건강에 좋은 이유에 대해서는 소개하고 있지 않습니다. 그러므로 이 글과는 상관없는 제목입니다.

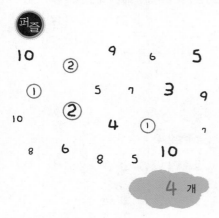

4 개

① **핵심어 찾기** ×, ○, ×, ○, ○

② **글의 짜임 그리기**
가-② 지구 온난화
나-④ 농약을 사용한다.
다-① 천적

③ **요약 하기** 가 ③ 늘어났습니다.

④ **제목 달기**

해충을 없애는 방법   이 글의 제목으로 딱 좋아!

농약 사용의 피해   범위가 너무 좁아!

곤충 습격의 원인   이 글과 상관없는 제목이야!

해설

제시문 정리하기

제시문은 대규모로 곤충이 나타나는 이유에 대해 소개하고 있습니다. 곤충의 습격으로 사람들이 피해를 입고 있습니다. 급작스런 곤충의 증가는 지구 온난화가 그 주된 원인입니다. 지구 온난화로 겨울철 온도가 높아졌습니다. 이로 인해 많은 곤충과 알이 겨울

에도 살아남아 그 숫자가 더욱 늘어났습니다. 또한 지나친 농약 사용도 곤충, 특히 해충의 수를 늘리고 있습니다. 농약이 해충은 물론 해충을 먹고 사는 천적도 함께 죽이기 때문입니다. 지금이라도 지구 온난화를 예방하고 농약 사용을 줄여 나가야 곤충의 습격을 막을 수 있습니다.

④ **제목 달기**

▶ **해충을 없애는 방법** : 제시문에는 갑작스레 늘어난 곤충으로 인한 피해와 그 원인에 대해 소개하고 있을 뿐, 해충을 없애는 방법에 대해서는 전혀 나와 있지 않습니다. 따라서 이 글과는 상관없는 제목입니다.

▶ **농약 사용의 피해** : 제시문에는 지나친 농약 사용이 해충의 천적까지도 죽인다고 소개하고 있는데, 이는 곤충 습격의 원인 중에 하나일 뿐입니다. 그러므로 이 글의 제목으로는 범위가 좁습니다.

▶ **곤충 습격의 원인** : 제시문에는 지구 온난화, 지나친 농약 사용을 곤충 습격의 원인으로 소개하고 있습니다. 따라서 이 글의 제목으로 가장 알맞습니다.

① - 1
② - 3
③ - 5

정답

① **핵심어 찾기** 7, 3

② **글의 짜임 그리기** 가-② 기원전 776년
나-④ 남자
다-③ 쿠베르탱 남작

③ **요약 하기** 가 ① 4년마다

④ **제목 달기** △, ○, ×

해설

제시문 정리하기

제시문은 올림픽의 유래에 대해 소개하고

있습니다. 기원전 776년 처음 열린 올림픽은 신들의 왕인 제우스를 기리기 위한 행사였습니다. 달리기, 레슬링, 권투, 전차 경주 등이 있었습니다. 우승자는 영웅 대접을 받았는데, 모두 남자였습니다. 여자들은 경기 참가는커녕 구경도 할 수 없었기 때문이지요. 천 년 넘게 4년마다 열리던 올림픽은 로마의 황제 테오도시우스에 의해 금지당하게 됩니다. 이후, 1896년 쿠베르탱 남작에 의해 그리스의 아테네에서 근대 올림픽이 다시 열리게 되었습니다.

④ **제목 달기**

▶ **올림픽의 부활** : 제시문에는 로마의 황제 테오도시우스에 의해 금지되었던 올림픽은 1,500년이 지난 후에야 다시 열리게 되었다고 소개하고 있습니다. 하지만 올림픽의 부활은 제시문 내용의 일부분입니다. 따라서 이 글의 제목으로는 범위가 좁습니다.

▶ **올림픽의 유래** : 제시문에는 올림픽이 언제 처음 생겨났으며 어떤 종목을 겨루었는지를 중심으로 소개하고 있습니다. 그러므로 이 글의 제목으로 알맞습니다.

▶ **올림픽 성화** : 성화는 올림픽의 대표적인 상징이지만 제시문에서는 소개하고 있지 않습니다. 따라서 이 글의 내용과는 상관없는 제목입니다.

 ③

정답

① **핵심어 찾기** 패럴림픽

② **글의 짜임 그리기** 가-④ 장애인 선수들
나-① 올림픽
다-② 텔레비전으로 방송한다.

③ **요약 하기** 가 ③ 관심이 적습니다.

④ **제목 달기** 또 하나의 올림픽, 패럴림픽

해설

제시문 정리하기

제시문은 장애인 선수들이 참가하는 올림픽인 패럴림픽에 대해 소개하고 있습니다. 패럴림픽도 올림픽과 마찬가지로 국제 스포츠 대회입니다. 4년마다 열리는 패럴림픽은 올림픽이 열린 도시에서 연이어 열립니다. 패럴림픽은 올림픽에 비해 사람들의 관심이 적습니다. 따라서 많은 사람에게 패럴림픽을 알리기 위해서는 텔레비전의 도움이 필요합니다. 패럴림픽의 모든 경기를 텔레비전으로 방송한다면, 더 많은 사람들이 패럴림픽에 대해 알 수 있을 것입니다.

④ **제목 달기**

▶ **또 하나의 올림픽, 패럴림픽** : 제시문은 패럴림픽이란 무엇이고, 패럴림픽에 대한 사람들의 관심을 높이기 위한 방법이 무엇인지 소개하고 있습니다. 그러므로 주어진 낱말을 이용한 알맞은 제목은 '또 하나의 올림픽, 패럴림픽' 입니다.

 **12** 회 57쪽~60쪽

 퍼즐

```
4 8 6 4 8 6 4 8 6 4 8 6
2 3 4 5 2 3 4 5 2 3 4 5
2 1 7 7 1 7 7 1 7 7 1 5
2 4 6 8 10 2 4 6 8
1 3 5 7 9 1 3 5 7
5 4 3 2 3 5 4 3 5 4 3
```

 정답

① 핵심어 찾기 가을 운동회

② 글의 짜임 그리기 ㉮-③ 공굴리기
  ㉯-④ 백군
  ㉰-① 이어달리기

③ 요약 하기 ㉮ ② 청군

④ **제목 달기**

행운의 백군 ●　　　　　● 이 글의 제목으로 딱 좋아!

가을 운동회 날 ●　　　● 범위가 너무 좁아!

박터트리기 하는 법 ●　　● 이 글과 상관없는 제목이야!

 해설

제시문 정리하기

제시문은 초등학교에서 처음 맞는 가을 운동회에 관한 일기입니다. 가을 운동회의 첫 경기는 1학년 박터트리기였습니다. 주인공은 열심히 오자미를 던졌지만 지고 말았습니다. 공굴리기와 피구만 이기고 장애물건너기와 배구와 농구는 지고 말았습니다. 마지막 경기인 400미터 이어달리기만 남았습니다. 힘찬 응원소리 덕인지 청군 선수가 결승선에 먼저 들어왔습니다. 결국, 올해의 가을 운동회는 주인공이 속한 청군이 이겼습니다.

④ **제목 달기**

▶ **행운의 백군** : 제시문은 올 해 가을 운동회에서는 주인공이 속한 청군이 승리를 했다고 소개합니다. 그러므로 이 글과는 상관없는 제목입니다.

▶ **가을 운동회 날** : 주인공의 첫 가을 운동회 날, 청군과 백군이 겨룬 시합과 그 결과에 대해 소개하고 있습니다. 따라서 이 글의 제목으로 알맞습니다.

▶ **박터트리기 하는 법** : 제시문에는 박터트리기 하는 법에 대해 자세하게 소개되어 있지 않으므로 제목으로 하기에는 범위가 좁습니다.

 **13** 회 61쪽~64쪽

 퍼즐

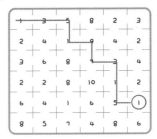

 정답

① 핵심어 찾기 수생식물

② 글의 짜임 그리기 ㉮-① 물가에서 자라는 식물
  ㉯-④ 연꽃
  ㉰-③ 물 속에 잠겨 사는 식물

③ 요약 하기 ㉮ ② 자연 정수장

④ 제목 달기 ○, ×, △

 해설

제시문 정리하기

제시문은 수생식물에 대해 소개하고 있습니다. 수생식물이란 물 속에서 나서 몸의 일부나 전부가 물 속에서 자라는 식물을 말합니다. 수생식물은 자라는 모습에 따라 종류를 나눕니다. 물가에서 자라는 식물로는 갈대, 부들, 창포가 있습니다. 물 위에 잎을 내는 식물은 마름, 수련, 연꽃이 있습니다. 물 위에 떠서 사는 식물로는 개구리밥, 물옥잠, 자라풀이 있고, 물 속에 잠겨 사는 식물로는 붕어마름, 물수세미, 검정말이 있습니다. 수생식물을 심어 더러워진 물을 깨끗하게 바꾸어 주는 자연 정수장을 만들기도 합니다.

④ **제목 달기**

▶ **물에서 사는 식물** : 제시문에는 수생식물의 정의와 종류에 대해 소개하고 있습니다. 따라서 이 글의 제목으로 가장 알맞습니다.

▶ **연꽃의 한살이** : 제시문에서는 연꽃이 물 위에 잎을 내는 식물로 소개하고 있을 뿐, 연꽃의 한살이에 대해서는 설명하고 있지 않습니다. 따라서 이 글의 내용과는 상관없는 제목입니다.

▶ **물 속에 잠겨 사는 식물** : 본문에서는 물가에서 자라는 식물, 물 위에 잎을 내는 식물, 물 위에 떠서 사는 식물 모두를 수생식물이라고 설명하고 있습니다. 그러므로 이 글의 제목으로는 범위가 좁습니다.

 ②

① 핵심어 찾기 소금쟁이

② 글의 짜임 그리기 가 – ② 물가
　　　　　　　　나 – ① 체액
　　　　　　　　다 – ③ 표면장력

③ 요약 하기 가 – ④ 잔털

④ 제목 달기

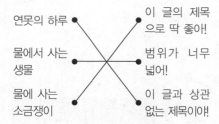

연못의 하루 ──┐　　　　　┌── 이 글의 제목으로 딱 좋아!

물에서 사는 생물 ──┤　　　├── 범위가 너무 넓어!

물에 사는 소금쟁이 ──┘　　　└── 이 글과 상관없는 제목이야!

제시문 정리하기

제시문은 대화 형식으로, 소금쟁이에 대해 소개하고 있습니다. 소금쟁이는 물가에 사는 곤충입니다. 소금쟁이의 몸은 작고 길쭉하며, 다리에는 잔털이 많이 나 있습니다. 소금쟁이는 물에 빠진 다른 곤충의 체액을 먹고 삽니다. 소금쟁이가 물에서 마음대로 걸어 다니는 이유는 물의 표면장력 때문입니다. 다리의 잔털 때문에 물에 잘 젖지 않고, 다리에서 기름이 나와 표면장력을 이용합니다.

---

④ 제목 달기

▶ **연못의 하루** : 제시문은 물가에서 사는 소금쟁이에 대해 소개하고 있으므로, 이 글의 내용과는 전혀 상관없는 제목입니다.

▶ **물에서 사는 생물** : 소금쟁이 외에도 많은 생물들이 물에서 살고 있는데, 제시문은 소금쟁이에 대해서만 설명하고 있습니다. 따라서 이 글의 제목으론 범위가 너무 넓습니다.

▶ **물에서 사는 소금쟁이** : 제시문은 소금쟁이의 생김새와 특징에 대해 소개하고 있기 때문에, 이것이 이 글의 제목으로 알맞습니다.

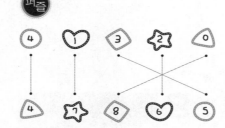

① 핵심어 찾기 ○, ×, ○, ×, ○

② 글의 짜임 그리기 가 – ① 청동오리
　　　　　　　　나 – ② 왜가리
　　　　　　　　다 – ④ 물억새

③ 요약 하기 가 – ③ 가시연꽃

④ 제목 달기 △, ○, ×

제시문 정리하기

제시문은 우포늪의 사계절에 대한 글입니다. 우포늪은 오랜 세월 동안 자연에게 소중한 곳이 되었습니다. 봄이면 우포늪은 부산해집니다. 겨울 철새인 큰기러기와 청동오리가 시베리아로 떠날 준비를 하고, 물에선 내버들과 마름이 초록빛을 내뿜기 시작합니

다. 우포늪에 여름이 오면 왜가리와 중대백로가 새끼들을 보살피느라 소란스럽습니다. 물에서는 가시연꽃이 피고 물방개가 놉니다. 가을이 되면, 우포늪은 겨울 철새들을 맞을 준비를 합니다. 물억새와 갈대밭의 서걱대는 소리로 가을이 깊어집니다. 잠이 든 우포늪의 겨울은 조용합니다. 먹이를 찾는 겨울 철새의 울음만이 들립니다.

④ 제목 달기

▶ **겨울 철새 청동오리** : 제시문은 우포늪을 찾는 겨울 철새 중의 하나로 청동오리를 소개하고 있습니다. 그러므로 이 글의 제목으로는 범위가 좁습니다.

▶ **우포늪의 사계절** : 우포늪의 부산한 봄, 소란스런 여름, 서걱대는 가을, 조용한 겨울을 소개하고 있습니다. 따라서 이 글의 제목으로 가장 알맞습니다.

▶ **습지의 중요성** : 우포늪은 우리나라의 대표적인 습지로 매우 중요하지만, 제시문에는 그 중요성에 대해서 나와 있지 않습니다. 따라서 이 글과는 상관없는 제목입니다.

 ④

① 핵심어 찾기 3, 1

② 글의 짜임 그리기 가 – ③ 반대
　　　　　　　　나 – ② 말하고 글을 쓰는 버릇
　　　　　　　　다 – ④ 더 친하게 느껴진다.

③ 요약 하기 가 – ③ 반대

④ 제목 달기

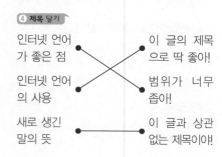

인터넷 언어가 좋은 점 ──┐　　　┌── 이 글의 제목으로 딱 좋아!

인터넷 언어의 사용 ──┤　　├── 범위가 너무 좁아!

새로 생긴 말의 뜻 ──┘　　└── 이 글과 상관없는 제목이야!

해설

제시문 정리하기

제시문은 인터넷 언어에 대한 의견을 소개하고 있는 대화입니다. 새로 생겨나는 인터넷 언어에 대해 찬성과 반대 입장이 있습니다. 찬성하는 사람들은 마음을 빨리 전달할 수 있고, 친구들끼리 더 친하게 느낄 수 있다고 생각합니다. 그리고 새로운 인터넷 언어가 한글을 더 풍성하게 만든다고 여깁니다. 한편, 반대하는 사람들은 말하고 글을 쓰는 버릇이 나빠질까 걱정합니다. 줄임말을 자꾸 쓰다 보면 원래의 우리말이 사라지고, 뜻을 아는 사람들끼리만 통하게 될 것이라 걱정합니다.

4 제목 달기

▶ **인터넷 언어가 좋은 점** : 제시문은 인터넷 언어에 대한 찬성과 반대 입장을 모두 다루고 있으므로, 이 글의 제목으로는 범위가 좁습니다.

▶ **인터넷 언어의 사용** : 인터넷 언어의 사용에 대해 찬성과 반대 입장으로 나뉩니다. 제시문은 왜 그런 생각을 하게 되었는지 근거를 들어 설명하고 있습니다. 따라서 이 글의 제목으로 알맞습니다.

▶ **새로 생긴 말의 뜻** : 제시문에는 새로 생긴 말의 뜻에 대해서는 나와 있지 않습니다. 그러므로 이 글의 내용과는 상관없는 제목입니다.

②

1 핵심어 찾기 ○, ○, ×, ○, ×

2 글의 짜임 그리기 　가-④ 훈민정음
　　　나-② 일부 양반들
　　　다-③ 가장 좋고 바른 하나뿐인 글

3 요약 하기 　가 ① 백성을 가르치는 바른 소리

---

4 제목 달기 　한글의 또 다른 이름들

해설

제시문 정리하기

제시문은 한글의 또 다른 이름들을 소개하고 있습니다. 우선, 세종대왕이 우리글을 만들었을 때 지은 '훈민정음'이 있습니다. 훈민정음은 '백성을 가르치는 바른 소리'라는 뜻입니다. 하지만, 일부 양반들은 우리글을 '언문'이라 부르며 업신여겼습니다. 천한 백성의 '상스러운 글'이라며 말이에요. 지금 우리가 부르는 '한글'은 1910년대 초 국어학자 주시경이 지었습니다. '하나'를 뜻하는 순수한 우리말 '한'에서 비롯된 것으로, '가장 좋고 바른 하나뿐인 글'이란 의미입니다.

4 제목 달기

▶ **한글의 또 다른 이름들** : 제시문은 한글의 또 다른 이름으로 훈민정음, 언문을 소개하고 있습니다. 따라서 주어진 낱말을 이용한 알맞은 제목은 '한글의 또 다른 이름들'입니다.

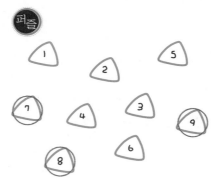

1 핵심어 찾기 　가획의 원리

2 글의 짜임 그리기 　가-① 자음 만들기
　　　나-③ · ― ㅣ
　　　다-④ 휴대 전화

3 요약 하기 　가 ② 모음

---

4 제목 달기 　×, □, ○

해설

제시문 정리하기

제시문은 한글이 왜 휴대 전화에 알맞은 문자인지 소개하고 있습니다. '가획의 원리'는 한글만이 갖고 있는 독특한 원리입니다. 'ㄱ ㄴ ㅁ ㅅ ㅇ' 다섯 글자를 바탕으로 하여 한두 획을 더해 나머지 자음을 만드는 것이 '가획의 원리'입니다. 모음의 경우도 '· ― ㅣ' 세 글자를 이용해서 나머지 모음을 만들 수 있답니다. 기본자에 한두 획만 더하면 모든 문자를 만들 수 있는 한글. 12개의 숫자판뿐인 휴대 전화에 알맞은 문자입니다.

4 제목 달기

▶ **한글을 사랑하자** : 한글은 우리나라의 글로 모두가 사랑해야 하지만, 제시문에는 한글 사랑의 내용이 나와 있지 않습니다. 따라서 이 글의 내용과는 상관없는 제목입니다.

▶ **한글의 우수성** : 한글은 매우 뛰어난 문자로 '가획의 원리'는 그 근거 중에 하나입니다. 그러므로 이 글의 제목으로는 범위가 넓습니다.

▶ **휴대 전화에 알맞은 한글** : 제시문에서는 한글이 휴대 전화 사용에 매우 적합한 문자라고 주장하고 있는데, 그 이유로 '가획의 원리'를 들고 있습니다. 따라서 이 글의 제목으로 알맞습니다.

③

1 핵심어 찾기 　4, 1

2 글의 짜임 그리기 　가-③ 새알심
　　　나-① 팥알
　　　다-④ 한소끔 끓인다.

3 요약 하기 　가 ② 간을 맞추어

제목 달기

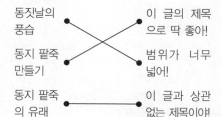

동짓날의 풍습 —— 이 글의 제목으로 딱 좋아!

동지 팥죽 만들기 —— 범위가 너무 넓어!

동지 팥죽의 유래 —— 이 글과 상관없는 제목이야!

해설

제시문 정리하기

제시문은 보글보글 요리사가 동짓날 먹는 팥죽을 만드는 방법에 대해 소개하고 있습니다. 먼저 새알심을 만들어야 하는데, 찹쌀가루를 끓는 물에 반죽한 후 알맞게 빚어 새알심을 만듭니다. 새알심을 준비한 후, 팥죽을 만듭니다. 팥을 깨끗하게 씻은 후, 물을 넉넉히 붓고 끓이다가 그 물을 버립니다. 다시 물을 붓고 팥알이 톡톡 터질 때까지 삶습니다. 잘 삶아진 팥알을 체에 내려 으깬 후, 팥물만 따로 받아 한소끔 끓입니다. 드디어 팥죽이 완성되었어요. 새알심을 넣고 소금과 설탕으로 간을 맞춘 후에 먹습니다.

제목 달기

▶ **동짓날의 풍습** : 제시문은 옛날부터 전해 오는 동짓날 풍습 중에 하나인 동지 팥죽에 대해서만 소개하고 있으므로, 이 글의 제목으로는 범위가 넓습니다.

▶ **동지 팥죽 만들기** : 제시문에는 동지 팥죽과 그 속에 넣어 먹는 새알심을 만드는 방법을 소개하고 있습니다. 따라서 이 글의 제목으로 알맞습니다.

▶ **동지 팥죽의 유래** : 제시문에는 동지 팥죽의 유래에 대해 전혀 나와 있지 않습니다. 그러므로 이 글과는 상관없는 제목입니다.

20회 89쪽~92쪽

퍼즐 ❶

정답

1 핵심어 찾기 강릉 단오제

2 글의 짜임 그리기 ㉮-② 음력 5월 5일 단오날
ㄴ-④ 세계무형문화유산
㉰-③ 씨름과 그네뛰기

3 요약 하기 ㉮ ① 수리취떡

4 제목 달기 ×, △, ○

해설

제시문 정리하기

제시문은 '강릉 단오제' 에 다녀온 기행문입니다. 강릉 단오제는 음력 5월 5일 단오날 열리는 명절 축제입니다. 유네스코의 세계무형문화유산으로 선정될 만큼 소중한 우리 문화유산입니다. '강릉 단오제' 의 풍습으로는 술을 빚는 '신주빚기', 마을에 복을 바라며 지내는 '대관령산신제' 와 '성황제' 가 있습니다. 사람들이 많이 모이는 단오장에서는 '씨름' 과 '그네뛰기' 를 하고, 5일 동안 '단오굿' 도 합니다. 특별한 음식으로 '수리취떡' 을 만들어 먹고, '단오부채' 와 '단오부적' 을 만들어 이웃끼리 나눕니다.

제목 달기

▶ **설날의 풍습** : 제시문은 음력 5월 5일 단오날 열리는 강릉단오제에 관한 글입니다. 따라서 이 글의 내용과는 상관없습니다.

▶ **수리취떡 만들기** : 강릉 단오제의 풍습으로는 신주빚기, 씨름, 단오굿, 단오부채 만들기 등 여러 가지가 있습니다. 수리취떡 만들기는 그 중에 하나이므로, 이 글의 제목으로는 범위가 좁습니다.

▶ **강릉 단오제에 다녀와서** : 제시문에는 강릉 단오제의 여러 가지 행사를 소개하고 있습니다. 그러므로 이 글의 제목으로 가장 알맞습니다.

21회 93쪽~96쪽

퍼즐 ❷

정답

1 핵심어 찾기 ○, ○, ×, ○, ×

2 글의 짜임 그리기 ㉮-③ 스페인
ㄴ-② 낮 12시부터 1시까지
㉰-① 토마토

3 요약 하기 ㉮ ④ 화가 난 시민들

4 제목 달기 스페인의 토마토 축제

해설

제시문 정리하기

제시문은 스페인의 토마토 축제에 대해 소개하고 있습니다. 스페인의 뷰놀에서는 해마다 8월 마지막 주 수요일 독특한 축제가 열립니다. 낮 12시를 알리는 대포 소리와 함께, 서로에게 토마토를 던지는 '토마토 축제' 입니다. 이 축제는 너무 떨어진 토마토 값 때문에 화가 난 시민들이 시의원에게 토마토를 던져서 시작되었습니다. 딱 한 시간만 열리는 축제가 끝나면, 어느새 청소부가 된 사람들 덕분에 거리는 어느새 깨끗하게 변합니다.

제목 달기

▶ **스페인의 토마토 축제** : 제시문은 스페인의 토마토 축제에 관한 글입니다. 스페인의 뷰놀에서 해마다 열리는 토마토 축제의 유래와 축제 후의 거리 모습에 대해서 소개하고 있습니다. 따라서 주어진 낱말로 만든 가장 알맞은 제목은 '스페인의 토마토 축제' 입니다.

22회 97쪽~100쪽

퍼즐 ❹

정답

1 핵심어 찾기 3, 1

2 글의 짜임 그리기
㉮-② 황해도 봉산 지방
㉯-④ 말뚝이
㉰-③ 양반

3 요약 하기 ㉮ ① 비웃고 놀립니다.

4 제목 달기

양반을 놀리 는 봉산탈춤 ●————● 이 글의 제목 으로 딱 좋아!

말뚝이 탈 만들기 ●————● 범위가 너무 넓어!

백성들과 탈 춤 ●————● 이 글과 상관 없는 제목이야!

해설

제시문 정리하기

제시문은 우리나라의 봉산탈춤에 관한 글입 니다. 황해도 봉산 지방에서 추던 '봉산탈 춤'은 양반들을 놀리던 것으로 유명합니다. 봉산탈춤에 등장하는 말뚝이는 겉으로는 양 반에게 굽신거리며 위하는 척하지만, 실제 로는 양반을 맘껏 비웃고 놀립니다. 백성들 은 밤새 말뚝이가 퍼붓는 입담을 들으며 답 답한 속을 풀었답니다.

4 제목 달기

▶ **양반을 놀리는 봉산탈춤** : 제시문은 황해 도 봉산 지방에서 추던 봉산탈춤은 양반 들을 놀리던 것으로 유명하다고 소개하 고 있습니다. 따라서 이 글의 제목으로 가장 알맞습니다.

▶ **말뚝이 탈 만들기** : 제시문에는 봉산탈춤 에 등장하는 말뚝이가 쓰는 탈을 만드는 방법에 대해 나와 있지 않습니다. 그러 므로 이 글의 내용과는 상관없는 제목입 니다.

▶ **백성들과 탈춤** : 제시문은 봉산탈춤에 대 해서만 소개하고 있습니다. 봉산탈춤은 백성들이 즐겼던 탈춤 중에 하나이므로, 이 글의 제목으로는 범위가 너무 넓습니 다.

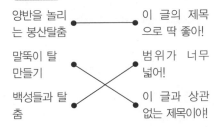

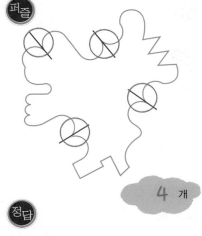

4 개

정답

1 핵심어 찾기 탈

2 글의 짜임 그리기
㉮-④ 탈나다
㉯-① 소원
㉰-② 신나는 날

3 요약 하기 ㉮ ③ 엄숙한 날

4 제목 달기

탈의 유래와 쓰임새 ●————● 이 글의 제목 으로 딱 좋아!

탈을 쓰는 날 ●————● 범위가 너무 넓어!

미양할미탈 의 생김새 ●————● 이 글과 상관 없는 제목이야!

해설

제시문 정리하기

제시문은 얼굴에 쓰는 가면인 탈에 대해 소 개하고 있습니다. 탈은 나무, 흙, 종이 등으 로 사람 또는 동물의 얼굴 모양을 본떠서 만듭니다. '탈'이란 말은 재앙이나 병을 뜻 하는 '탈나다'에서 유래되었다고 합니다. 특 별한 날이면 사람들은 탈을 썼습니다. 풍년 등을 바라며 소원을 비는 엄숙한 날, 죽은 이의 장례를 치르는 슬픈 날, 축제나 공연을 벌이는 신나는 날에 탈을 썼습니다.

4 제목 달기

▶ **탈의 유래와 쓰임새** : 제시문은 탈이란 무엇이고, 언제 생겨났으며, 언제 쓰는지

에 대해 소개하고 있습니다. 따라서 이 글의 제목으로 가장 알맞습니다.

▶ **탈을 쓰는 날** : 제시문에는 소원을 비는 엄숙한 날, 장례를 치르는 슬픈 날, 축제 를 벌이는 신나는 날에 탈을 쓴다고 소 개하고 있지만, 이는 제시문 내용의 일부 입니다. 그러므로 이 글의 제목으로는 범 위가 너무 좁습니다.

▶ **미얄할미탈의 생김새** : 제시문에는 미얄 할미탈의 생김새에 대해 나와 있지 않습 니다. 따라서 이 글의 내용과는 상관없는 제목입니다.

 7, 8, 9

정답

1 핵심어 찾기 ×, ○, ○, ○, ○

2 글의 짜임 그리기
㉮-③ 풍선
㉯-④ 눈, 코, 입에 맞는 구멍
㉰-② 검은 천을 씌운다.

3 요약 하기 ㉮ ① 탈모양

4 제목 달기 ○, ×, △

해설

제시문 정리하기

제시문은 탈을 만드는 방법에 대해 소개하 고 있습니다. 풍선, 신문지, 한지만으로도 멋진 탈을 만들 수 있습니다. 우선, 풍선, 신 문지, 하얀색과 색색의 한지, 가위, 칼, 검은 색 천, 바늘, 끈, 밀가루 풀 등을 준비합니 다. 얼굴 크기에 맞게 풍선을 불어서 묶습니 다. 풍선 앞면에 신문지를 적당히 잘라서 10겹 정도 붙이고, 다시 한지를 5겹 정도 붙입니다. 만들어진 탈모양을 색색의 한지 와 신문지로 멋지게 꾸밉니다. 가위와 칼을 이용해 눈, 코, 입에 맞는 구멍을 뚫습니다. 마지막으로 귀 양 옆에 구멍을 뚫어 끈을 묶고 머리에 검은 천을 씌우면 탈이 완성됩 니다.

▶ **풍선과 신문지로 탈 만들기** : 제시문은 풍선과 신문지로도 쉽게 탈을 만들 수 있다고 소개하고 있으므로, 이 글의 내용으로 가장 알맞습니다.

▶ **탈춤 배우기** : 제시문은 탈춤을 배우는 방법이 아니라 탈을 만드는 방법에 대한 글입니다. 따라서 이 글의 내용과는 상관없는 제목입니다.

▶ **탈모양 꾸미기** : 풍선과 신문지로 탈을 만들기 위해서는 여러 과정을 거쳐야 합니다. 탈모양 꾸미기는 그 과정의 일부입니다. 따라서 이 글의 제목으로는 범위가 좁습니다.

 ☆ : 1개, ○ : 1개, □ : 2개

① **핵심어 찾기** 자동차

② **글의 짜임 그리기** ㉮-① 태엽자동차
㉯-④ 휘발유를 이용한
㉰-③ 친환경자동차

③ **요약 하기** ㉮ ② 증기를 이용해서

④ **제목 달기**

세계 최대의 자동차 공장 ——— 이 글의 제목으로 딱 좋아!

최초의 자동차, 태엽자동차 ——— 범위가 너무 좁아!

자동차의 역사 ——— 이 글과 상관없는 제목이야!

제시문 정리하기

제시문은 자동차 역사에 관한 글입니다. 세계 최초의 자동차는 1480년 레오나르도 다빈치의 태엽자동차입니다. 지금의 자동차와 비슷한 모습을 한 것은 1769년 니콜라 조제프 퀴뇨가 만든 자동차입니다. 이 자동차는 바퀴가 세 개였는데, 증기를 이용해서 움직였습니다. 오늘날처럼 휘발유를 이용한 자동차는 1886년에 등장했는데, 독일 고틀리에 다임러와 카를 벤츠가 만들었습니다. 미래에는 물, 태양열 등을 이용한 친환경자동차와 자동차가 스스로 운전하는 인공지능 자동차가 등장할 것으로 예상됩니다.

④ **제목 달기**

▶ **세계 최대의 자동차 공장** : 제시문은 태엽자동차부터 시작되어 오늘날의 자동차가 만들어지기까지 자동차의 역사에 관한 내용입니다. 따라서 이 글의 내용과 상관없는 제목입니다.

▶ **최초의 자동차, 태엽자동차** : 1480년 레오나르도 다빈치가 만든 태엽자동차는 세계 최초의 자동차입니다. 하지만 제시문에는 태엽자동차 외에도 많은 자동차를 소개하고 있으므로, 이 글의 제목으로는 범위가 좁습니다.

▶ **자동차의 역사** : 제시문은 과거의 자동차인 태엽자동차와 세 개의 바퀴를 가진 자동차, 현재의 휘발유를 이용한 자동차, 미래의 친환경자동차를 소개하고 있습니다. 따라서 이 글의 제목으로 알맞습니다.

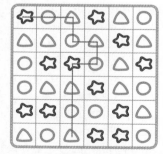

☆ : 2개, ○ : 4개, △ : 4개

① **핵심어 찾기** 4, 1

② **글의 짜임 그리기** ㉮-③ 초등학교 앞

㉯-④ 안전한 스쿨존
㉰-① 캠페인

③ **요약 하기** ㉮ ② 학생들

④ **제목 달기** ○, ×, △

제시문 정리하기

제시문은 지난 금요일 안산의 한 초등학교에서 있었던 스쿨존 캠페인에 관한 기사입니다. 최근 스쿨존에서 일어나는 교통사고로 어린이들의 피해가 커지자, 초등학교 학생들이 직접 나서고 있습니다. 이 캠페인에 참가한 한 학생은 어른들이 만들어 놓은 스쿨존을 스스로 지켜 줄 것을 부탁했습니다.

④ **제목 달기**

▶ **스쿨존 캠페인** : 제시문은 초등학생들이 직접 나서고 있는 스쿨존 지키기 캠페인에 관한 글입니다. 따라서 이 글의 제목으로 가장 알맞습니다.

▶ **초등학생 납치사건** : 제시문에는 초등학생 납치사건에 대해 전혀 나와 있지 않으므로, 이 글의 내용과는 상관없는 제목입니다.

▶ **음주운전은 안돼요** : 안산의 한 초등학교 학생들은 어른들이 음주운전을 하지 말아 달라고 당부하고 있습니다. 하지만 이는 제시문의 일부 내용입니다. 따라서 이 글의 제목으로는 범위가 좁습니다.

 ❶

① **핵심어 찾기** 자전거 안전운전 면허증

② **글의 짜임 그리기** ㉮-④ 일곱 살
㉯-② 국제공인 면허증
㉰-① 실기시험

③ **요약 하기** ㉮ ③ 안전하게

 4 제목 달기

자전거 안전운전 면허증 ————— 이 글의 제목으로 딱 좋아!

자동차 운전면허 시험 날 ——×—— 범위가 너무 좁아!

자전거 안전운전 면허 시험과목 ——×—— 이 글과 상관없는 제목이야!

해설

제시문 정리하기

제시문은 자전거 안전운전 면허증에 관한 글입니다. 자전거 안전운전 시험은 사고 없이 안전하게 자전거를 타기 위해서 치르는 시험입니다. 일곱 살부터 초등학교 6학년까지 볼 수 있는데, 합격하면 자전거 안전운전 면허증을 줍니다. 이 면허증은 세계 17개국에서 인정해 주는 국제공인 면허증입니다. 시험은 자전거에 관해 얼마나 알고 있는지를 묻는 필기시험과 자전거 타는 기술을 평가하는 실기시험으로 나누어 치러집니다.

4 제목 달기

▶ **자전거 안전운전 면허증** : 제시문은 안전하게 자전거를 타기 위해 따는 자전거 안전운전 면허증에 관한 내용으로, 이 글의 제목으로 가장 알맞습니다.

▶ **자동차 운전면허 시험 날** : 제시문에는 자동차 운전면허 시험 날에 관해 나와 있지 않습니다. 따라서 이 글의 내용과는 상관없는 제목입니다.

▶ **자전거 안전운전 면허 시험과목** : 제시문은 자전거 안전운전 면허 시험의 목적과 시험과목에 대해 모두 소개하고 있으므로, 이 글의 제목으로는 범위가 좁습니다.

 퍼즐 ❶

 정답

① 핵심어 찾기 파리 로봇

② 글의 짜임 그리기 ㉮-③ 미국
㉯-① 생김새
㉰-④ 첩보 업무

③ 요약 하기 ㉮-② 파리 로봇

④ 제목 달기 ○, ×, △

 해설

제시문 정리하기

제시문은 세계에서 가장 작은 로봇에 관한 글입니다. 세계에서 가장 작은 로봇은 파리 로봇입니다. 파리의 생김새를 닮았다고 하여 지어진 것이지요. 생김새뿐만이 아니라 실제로 파리처럼 날 수도 있습니다. 미국의 하버드 대학교에서 만들었습니다. 이 로봇의 크기는 양 날개를 쭉 펴서 3cm 정도이고, 무게도 0.06g 정도밖에 되지 않습니다. 이 파리 로봇은 작은 크기 덕분에 적의 비밀을 알아내는 첩보 업무를 맡게 될 것으로 예상됩니다.

4 제목 달기

▶ **파리 로봇의 개발** : 제시문은 세계 초소형 로봇인 파리 로봇의 개발에 관한 여러 가지 내용을 소개하고 있으므로 이 글의 제목으로 가장 알맞습니다.

▶ **세계 최초의 로봇** : 파리 로봇은 세계 최초의 로봇이 아니라 세계에서 가장 작은 로봇입니다. 따라서 이 글의 내용과는 상관없는 제목입니다.

▶ **파리 로봇이 맡은 일** : 제시문은 파리 로봇의 크기와 임무에 대해 나와 있으므로, 이 글의 제목으로는 범위가 좁습니다.

 퍼즐 ❷

 정답

① 핵심어 찾기 ○, ○, ○, ×, ○

② 글의 짜임 그리기 ㉮-② 탈로스
㉯-④ 헤파이스토스
㉰-③ 발뒤꿈치

③ 요약 하기 ㉮ ① 로봇

④ 제목 달기 신화 속 로봇, 탈로스

 해설

제시문 정리하기

제시문은 신화 속에 청동 거인 탈로스에 대한 이야기입니다. 탈로스는 신화에 등장하는 로봇입니다. 대장장이 신 헤파이스토스가 만든 탈로스는 제우스에 의해 크레타 섬의 왕 미노스에게 선물로 보내집니다. 탈로스는 섬을 순찰하며 적의 배를 무찌르는 등 완벽하게 섬을 지켜 냅니다. 하지만 청동 거인인 탈로스도 발뒤꿈치의 못을 뽑아 버리면 온몸이 무너져 내리고 만다는 약점이 있었습니다. 이를 안 영웅 메데이아는 마법으로 탈로스를 최면에 빠뜨리고는 발뒤꿈치의 못을 뽑아 버렸습니다. 신화 속 로봇, 탈로스는 그렇게 흔적도 없이 사라지고 말았답니다.

4 제목 달기

▶ **신화 속 로봇, 탈로스** : 청동 거인 탈로스는 대장장이 신 헤파이토스가 만든 것으로, 지금의 로봇과 비슷하답니다. 따라서 주어진 낱말로 알맞은 제목을 만들면 '신화 속 로봇, 탈로스'입니다.

는 예로 전투용 로봇의 개발을 소개하고 있습니다. 하지만 이는 제시문의 일부 내용입니다. 따라서 이 글의 제목으로는 범위가 좁습니다.

▶ **로봇의 미래** : 제시문에는 로봇의 미래에 대해 나와 있지 않습니다. 그러므로 이 글과는 상관없는 제목입니다.

① **핵심어 찾기** ○, ×, ○, ×, ○

② **글의 짜임 그리기** ㉮-② 인간에게 해
㉯-④ 인간의 명령
㉰-① 아시모프

③ **요약 하기** ㉮ ③ 로봇 공학의 3원칙

④ **제목 달기**

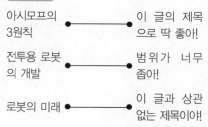

제시문 정리하기

제시문은 로봇을 만들 때 지켜야 할 3가지 원칙에 대해 소개하고 있습니다. 이 원칙은 '로봇의 아버지'로 불리는 아시모프가 만들었습니다. "첫째, 로봇은 인간에게 해를 끼칠 수 없으며, 위험에 처한 인간을 그냥 두어서는 안 된다. 둘째, 로봇은 인간의 명령에 따라야 한다. 단, 명령이 1조에 어긋나면 따르지 않아도 된다. 셋째, 로봇은 위 두 원칙에 위배되지 않는 한 자기 자신을 지켜야 한다."는 것이었습니다. 세계의 모든 과학자들이 아시모프의 원칙을 지키는 것은 아닙니다. 전투용 로봇을 만드는 과학자도 있기 때문입니다. 로봇이 적이 될지 친구가 될지는 인간에게 달렸습니다.

④ **제목 달기**

▶ **아시모프의 3원칙** : 제시문은 로봇을 개발할 때 지켜야 할 아시모프의 3가지 원칙에 대해 소개하고 있으므로, 이 글의 제목으로 가장 알맞습니다.

▶ **전투용 로봇의 개발** : 세계 모든 과학자들이 아시모프의 3원칙을 지키지 않는다

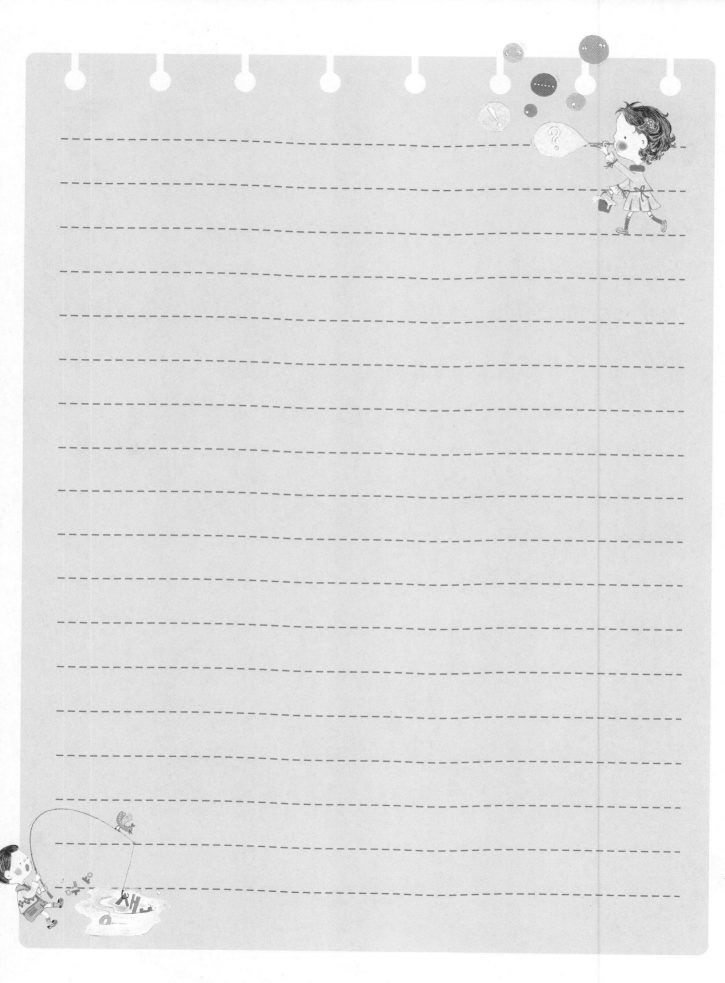

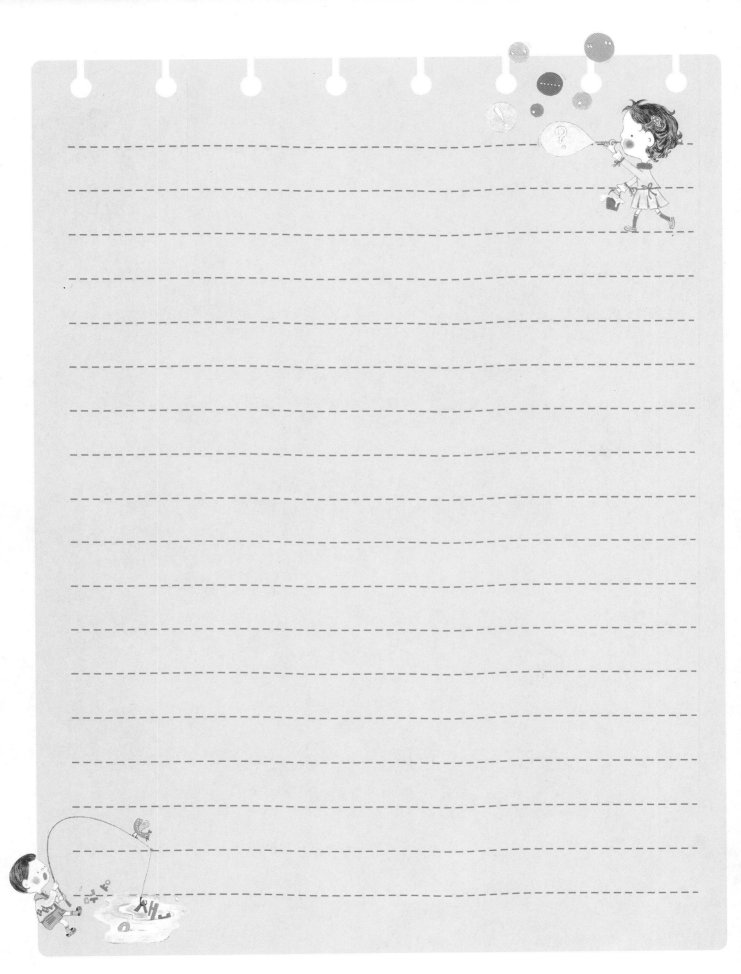